내 동영상으로 유튜버되기

ok click

KB138947

Ok! Click 시리즈 37

크리에이터 활동 시작하기

시작하기

나중에

대시보드

창미회의디지털랩
구독자 276명

분석
지난 28일
시청 시간(단위: 분)
조회수
구독자 수 변동
추정 수익

더보기

최신 동영상 실적

5:46

유튜브 채널아트 만드는법 /
채널아트크기/채널아트
템플릿

처음 6일 16시간:

COPYRIGHT

Ok Click 나만의 동영상 제작하기

2020년 5월 10일 초판 1쇄 인쇄
2020년 5월 20일 초판 1쇄 발행

저 자	장미희
기 획	정보산업부
디자인	정보산업부
펴낸이	양진오
펴낸곳	(주)교학사
주 소	(공장)서울특별시 금천구 가산디지털1로 42 (가산동)
	(사무소)서울특별시 마포구 마포대로14길 4 (공덕동)
전 화	02-707-5312(문의), 02-707-5147(영업)
등 록	1962년 6월 26일 〈18-7〉
홈페이지	http://www.kyohak.co.kr
블로그	http://itkyohak.blog.me
인스타그램	@itkyohak

Ok! Click 시리즈는 얇다고 해서 수박 겉핥기 수준의 교재가 아닙니다. 책을 펼쳐 따라 하다 보면 내용이 얼마나 알차게 담겨 있는지 바로 알게 될 것입니다. 입문자 또는 초급자에 초점을 맞춘 교재로, 어려운 기능이나 고난이도의 내용을 배제하였습니다. OA, 그래픽은 물론 SNS, 블로그, 동영상, 유튜브에 이르기까지 단기간에 꼭 알아두어야 할 기능을 마스터할 수 있는 시리즈입니다.

유튜버가 되기 위해서는 특별한 장비나 전문적인 편집 기술이 필요하지 않습니다. 유명 유튜버들의 시작도 거창하고 화려하지 않았습니다.

Ok! Click 시리즈 37번째인 〈내 동영상으로 유튜버 되기〉는 동영상 편집을 위한 프리미어 프로나 사진 편집을 위한 포토샵 없이도 유튜브를 활용할 수 있도록 구성하였습니다. 조작이 복잡하고, 가격이 비싼 도구는 필요하지 않습니다. 스마트폰, 컴퓨터, 노트북, 태블릿 PC 등 내가 가지고 있는 어떠한 기기든 상관없이 이 책으로 유튜브를 학습할 수 있습니다.

저자 소개

전북대학교 컴퓨터공학 박사 수료하고 교육컨텐츠연구소 '이룸' 대표와 강사지원교육협동조합 '와있는 미래' 이사장을 맡고 있습니다. IT 교육컨텐츠개발과 교재 출판, ICT와 관련한 지자체에 정보위원 등으로 활동하며 각 대학 및 기업, 기관, 지자체 등에서 강의를 하고 있습니다.

출판 | MOS 2003 WORD EXPERT 동영상 강의 개발

MOS 2003 WORD EXPERT 전북대학교 국공립협의회(이한출판사)

MOS 따라잡기 MS-WORD 2007, MS-POWERPOINT 2007(이한출판사)

여름커뮤니케이션 퍼스널 클라우드 컴퓨팅 웹오피스활용 전략

ITQ 2007 한글, 엑셀, 파워포인트(교학사)

ITQ 2016 엑셀, 파워포인트(교학사)

My Love 엑셀, 파워포인트(교학사)

OK! Click 한글, 파워포인트, 엑셀 (교학사)

OK! Click 나만의 동영상 제작하기, 내 동영상으로 유튜버되기(교학사)

유튜브 채널 | 장미희의 디지털랩

블로그 | changmihee.com

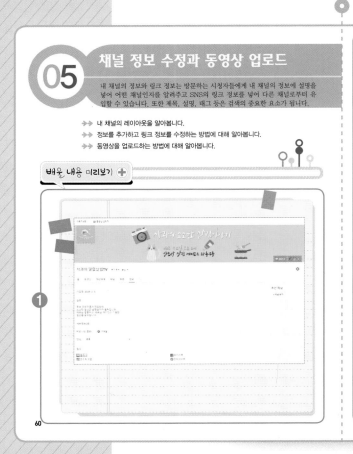

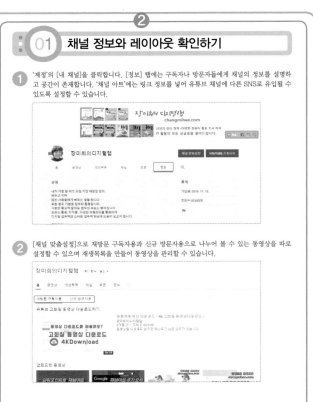

❶ 배울 내용 미리보기

학습 동기를 유발하고, 학습할 내용이 무엇인지 파악할 수 있습니다.

❷ 본문

단계별로 구성된 본문을 차례차례 따라 하며 내용을 이해하고 기능을 마스터할 수 있습니다.

③ 참고하세요 👤

재생목록 순서를 변경하려면?

'재생목록' 창으로 이동한 후 순서를 변경할 재생목록의 ❶[수정]을 클릭합니다. ❷재생목록에 있는 동영상을 드래그하여 이동합니다.

재생목록 자동으로 설정하기

① ❶'추가 메뉴'에서 [재생목록 설정]을 선택한 후 ❷[고급 설정]을 클릭합니다.

② ❶[자동추가] 탭을 선택합니다. ❷[규칙 추가]를 클릭하고 ❸[제목에 이 단어 포함]에 키워드를 입력합니다.

③ 동영상을 업로드하면 키워드를 포함한 동영상이 설정한 재생목록으로 추가됩니다.

④ "혼자 풀어 보세요"

1 내 채널에 재생목록을 추가하고 설명을 추가하세요.

2 내 채널에 업로드된 동영상에서 관련있는 동영상이 추가된 재생목록에 추가하세요.

🌱 ③ 참고하세요

본문 외에 고급 기능이나 유사 기능, 알아두면 좋을 내용 등 보충 설명이 필요하다고 느낀 내용을 담았습니다.

🌱 ④ 혼자 풀어 보세요

한 강을 완벽히 마스터한 후 제시된 문제를 해결하며 학습 내용을 얼마나 이해하고 응용할 수 있는지 확인할 수 있습니다. 주어진 힌트를 활용해 좀 더 쉽게 문제를 해결해 봅시다.

DOWNLOAD

OK Click 내 동영상으로 유튜버 되기 × +

← → C ① 주의 요함 | itbook.kyohak.co.kr/youtube/

OK Click

내 동영상으로 유튜버 되기 예제파일 다운로드하기

아래의 다운로드 버튼을 클릭하면 다운로드 할 수 있습니다.

 예제파일

http://itbook.kyohak.co.kr/youtube/에 접속하면 'Ok!Click 내 동영상으로 유튜버 되기' 예제파일을 다운로드 받을 수 있습니다.

CONTENTS

CONTENTS

유튜브 알아보기

미디어와 기기의 발달로 글로 된 정보를 검색하기보다는 동영상을 검색해 정보를 얻는 사람들이 늘어났습니다. 자신만의 콘텐츠를 제작하고 공유, 소비합니다. 이에 최적화된 유튜브는 누구에게나 열려있는 커뮤니케이션 도구입니다.

>> 유튜브란 무엇인지 알아봅니다.
>> 유튜브의 활용 분야를 알아봅니다.
>> 유튜브의 주제를 찾는 방법을 알아봅니다.

배울 내용 미리보기 ➕

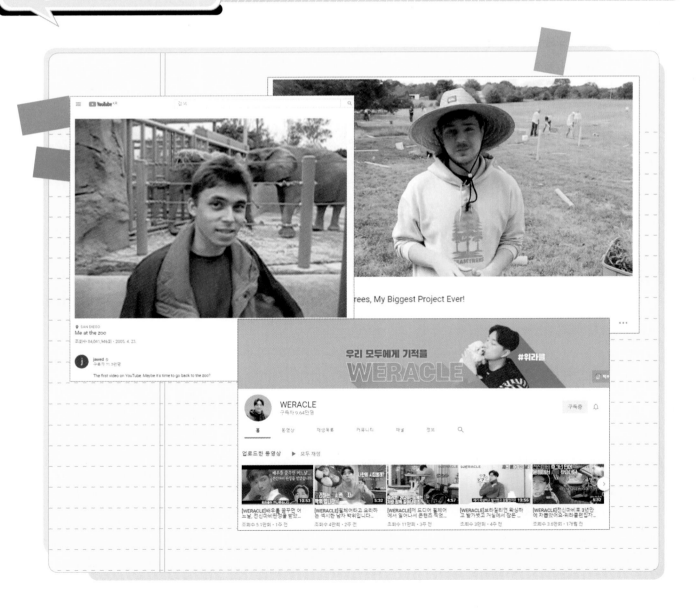

최초의 유튜브 동영상

유튜브(YouTube)는 사용자를 가리키는 '유(You)'와 텔레비전의 별칭인 '튜브(Tube)'의 합성어입니다. 즉 유튜브는 '당신을 위한 텔레비전'를 뜻합니다.

유튜브는 세계 최대의 동영상 공유 사이트로 2005년 2월 14일 채드 헐리(Chad Hurley), 스티브 첸(Steve Chen), 자베드 카림(Jawed Karim)이 공동 창립하였고, 11월에 정식 서비스를 시작하였습니다. 2006년 10월 10일 구글이 16억 5천달러(당시 환율로 1조 6,500여억원)에 인수하여 2008년 한국어 서비스를 시작했습니다. 구글은 사용자들의 광범위한 경험을 더 많은 사람들에게 전달할 수 있는 새로운 기회를 만드는 일에 주력할 것이라 합니다.

유튜브의 첫 업로드 영상으로 유명한 'Me at the Zoo(동물원에서)'는 2005년 4월 23일 'YouTube의 첫 번째 비디오'라는 설명과 함께 공동 창립자 자베드 카림이 업로드했습니다.

현재 71.6만 명의 구독자와 8,400만 회가 넘는 조회수를 기록하고 있으며, 현재까지도 댓글이 달리고 있습니다.

동영상으로 만나는 소셜 커뮤니케이션

5G 시대와 함께 미디어 환경의 급속한 변화 속에서 누구나 스마트폰이나 카메라로 동영상을 찍어 편집하고 업로드하여 방송을 할 수 있는 1인 미디어 시대가 열렸으며, 제공된 콘텐츠를 소비만 하던 시대에서 지금은 사용자가 직접 영상을 제작하고 공유하는 생산자로서의 콘텐츠 운영과 관리에도 직접 참여하게 되었습니다.

특별한 도구나 전문적인 편집 기술 없이 큰 인기를 끈 '띠예'는 동치미를 먹는 ASMR만으로 하루만에 150만 조회수를 올렸고, 두더지가 농작물에 주는 피해와 두더지가 땅파는 영상을 올린 '성호육묘장'은 500만 회의 조회수를 올리며 진솔한 이야기로 인기를 끌고 있습니다.

화려한 영상 기술이나 전문적인 내레이션이 없어도 컨텐츠가 좋다면 시청자들의 마음을 움직이기에 충분합니다.

손녀가 치매 예방을 위해 찍은 영상으로 유튜버가 된 73세 '박막례 할머니'는 71세에 새로운 경험에 도전하는 에피소드를 콘텐츠로 스타가 되었고, 유튜브 CEO 수잔 워치스키는 할머니를 만나러 한국에 방문하기도 했습니다. 또한 '구글 I/O 2019'에 한국 대표로 초청받아 CEO 순다르 피차이를 직접 만나기도 했습니다. '심방골 주부'는 40년차 주부의 노하우와 비법을 담은 영상으로 인기를 얻고 있습니다. 이외에도 '전직 대법관 차산선생', 국내 최초 밀라노 유학생 '밀라논나' 등 노년의 지혜와 각 분야의 전문성을 공유하는 실버 유튜버가 대세를 이루고 있습니다.

유튜브로 세상을 바꾸는 기적

1인 미디어 시대가 열리면서 유튜브, 아프리카 TV, 네이버 TV, 카카오TV를 비롯한 많은 동영상 사이트에서는 평범한 일상을 가진 사람들이 자신들의 목소리를 내면서 기적을 만들기도 합니다. 미국의 유명 유튜버 '미스터 비스트'는 1달러당 나무 한 그루를 심겠다는 '나무 심기 캠페인' 동영상으로 기부금이 230억을 돌파했습니다. 좌절의 순간을 희망으로 바꾼 '위라클'은 예기치 못한 사고로 장애를 가진 청년 크리에이터의 채널로, 장애인에 대한 인식 개선과 재활 과정 등을 콘텐츠로 영상을 업로드하여 구독자들에게 삶의 열정과 희망을 안겨주고 있습니다.

또한, '알 샤리프'는 여성의 운전을 금지해왔던 사우디아라비아에서 운전하는 영상을 유튜브에 올렸다가 감옥에 수감되었지만, 그로 인해 여성의 운전권 보장을 위한 운동이 촉발되어 6년 후, 사우디아라비아는 2018년 6월 24일 여성 운전을 허용하게 되었습니다.

02 유튜브 주제 탐색하기

밀레니얼 세대와 Z세대는 포털 사이트에서 검색하는 것보다 유튜브에서 검색하는 것을 더 선호합니다.

유튜브 검색은 사용자들이 자신에게 필요한 정보만을 선택하여 볼 수 있기 때문에 유튜브를 시작하고자 한다면 어떤 채널을 만들고 성장시킬 것인지 개성있는 주제를 선정해야 합니다. 취미 생활, 일상의 순간, 레저 활동, 지식 전달 등 채널의 주제가 확실하다면 동영상을 제작하는 과정에서 시행착오를 줄이고 남들과는 다른 채널이 될 수 있습니다.

전문적인 도구 없이도 유튜브 채널을 운영할 수 있고 콘텐츠를 유튜브에 업로드하고 구독자들에게 배포, 공유할 수 있어 개인뿐만 아니라 기업이나 단체 또는 제품 홍보 등 마케팅 수단으로도 활용하고 있습니다.

동영상을 제작하기 전에 관심사가 비슷한 동영상을 검색해 보면 콘텐츠를 구성할 때 도움이 됩니다.

내가 잘 하는 것	
내가 좋아하는 것과 싫어하는 것	
내가 하고 싶었던 것	
내가 궁금했던 일은?	
나만의 경험담	
나의 장점과 단점	
남이 궁금한 것은?	

"혼자 풀어 보세요"

1 내가 관심 있는 유튜브를 검색하고 동영상의 키워드를 찾아 나열해 봅니다.

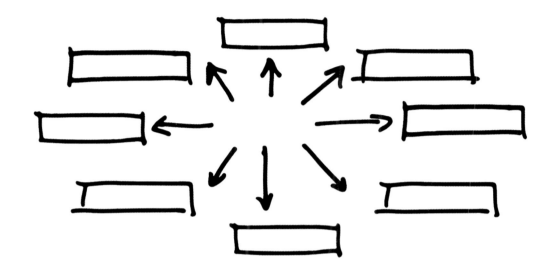

2 내가 만들고자 하는 채널의 카테고리를 적어보세요.

02 유튜브 채널 만들기와 동영상 사용법

유튜브는 단순히 동영상을 검색하고 시청만 하는 곳이 아니라 직접 제작한 동영상을 업로드하고 나만의 채널을 만들 수도 있습니다. 간단한 조작으로 동영상 시청을 최대한 활용할 수 있습니다.

➤➤ 유튜브의 채널을 만드는 방법에 대해 알아봅니다.

➤➤ 유튜브의 시청 기록/검색 기록을 삭제하는 방법에 대해 알아봅니다.

➤➤ 유튜브의 재생목록 활용 방법에 대해 알아봅니다.

배울 내용 미리보기 ➕

축하합니다
'mihee chang' 채널이 생성되었습니다

이제 다음 단계에 따라 채널 설정을 완료해 보세요. 지금 설정하거나 나중에 돌아와서 진행할 수 있습니다.

프로필 사진 업로드

프로필 사진이 동영상, 댓글, 기타 위치 옆에 표시되며 YouTube에서 시그니처 이미지로 사용됩니다.

사진 업로드

프로필 사진이 Google 계정에 연결됩니다. 모든 변경사항이 계정과 채널에 표시되며 적용되는 데 몇 분 정도 걸릴 수 있습니다. 800x800픽셀의 정사각형 또는 원형 이미지가 권장됩니다. 4MB 이하의 PNG, GIF(애니메이션 GIF 제외), BMP 또는 JPEG 파일을 사용하세요. 사진이 커뮤

01 구글 계정 만들기와 유튜브 로그인

① 구글(Google) 계정이 없거나 유튜브의 계정을 새로 만들어 분리하려면 계정을 새로 만들어 사용합니다. 'https://www.google.com'에 접속한 후 우측 상단의 ❶[로그인]을 클릭합니다.

> 인터넷 익스플로러와 크롬 브라우저의 메뉴 구성이 다릅니다. 이 책은 크롬 브라우저를 사용하였습니다.

② ❶[계정 만들기]의 ❷[본인 계정]을 클릭합니다. 계정을 만들기 위해 필수 정보를 입력한 후 ❸[다음]을 클릭합니다.

③ 본인 확인을 위한 '전화번호 인증' 창에서 ❶'전화번호'를 입력한 후 ❷[다음]을 클릭합니다. ❸메시지로 온 코드를 입력한 후 ❹[확인]을 클릭합니다.

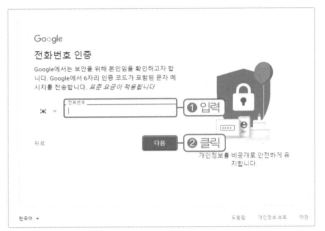 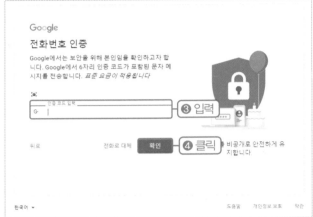

④ ❶복구 이메일 주소, 생년월일 등을 입력합니다. '전화번호 활용하기'는 ❷[건너뛰기]를 클릭합니다.

⑤ '개인정보 보호 및 약관'을 읽어본 후 스크롤을 내려 ❶약관 동의에 체크한 후 ❷[계정 만들기]를 클릭합니다.

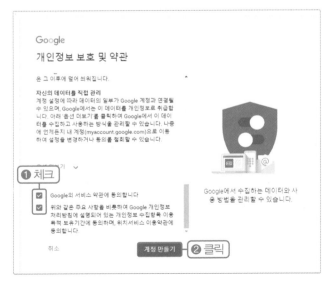

16

6 'youtube.com'에 접속하여 ❶[로그인]을 클릭합니다.

7 이메일과 패스워드를 입력한 후 로그인을 합니다.

참고하세요

기존 구글 계정으로 유튜브에 로그인하면 구글의 모든 기능이 유튜브 채널명으로 변경됩니다. 유튜브와 분리하여 관리하고 싶다면 새 계정을 만들어 사용하거나 기존 계정을 사용한다면 유튜브에서 채널을 추가하여 사용하는 것을 권장합니다.

크롬 브라우저를 열고 주소 입력줄에 'https://www.youtube.com'를 입력하여 접속한 후 로그인하면
유튜브의 메인 화면이 열립니다. 화면을 살펴봅시다.

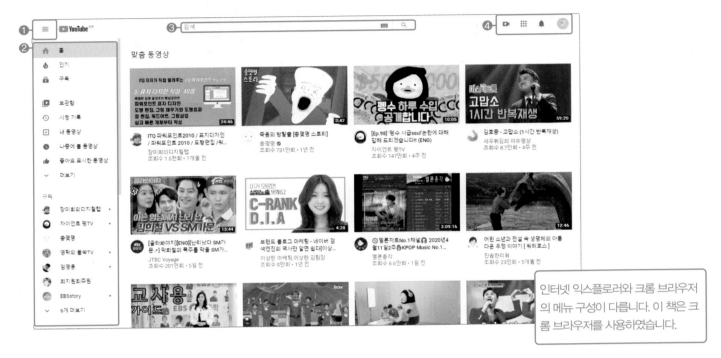

> 인터넷 익스플로러와 크롬 브라우저
> 의 메뉴 구성이 다릅니다. 이 책은 크
> 롬 브라우저를 사용하였습니다.

❶ 메뉴 버튼: 메뉴 버튼을 누르면 메뉴가 확장 또는 축소됩니다.

❷ 메인 메뉴: 유튜브의 카테고리 및 구독 정보, 설정 등을 관리할 수 있습니다.

❸ 검색 창: 검색어를 입력하여 동영상을 검색합니다. 키보드 모양을 눌러 가상 키보드로 검색어를 입
　력할 수 있습니다.

❹ 채널 메뉴

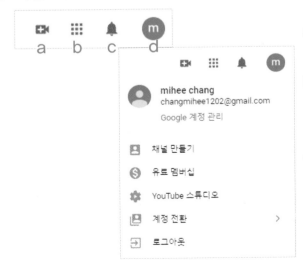

a. 동영상 업로드: 동영상을 업로드하거나 실시간 스트
　리밍을 시작할 수 있습니다.

b. YouTube 앱 실행기: 'YouTube TV', 'YouTube
　Music', '크리에이터 아카데
　미' 등 사용할 수 있습니다.

c. 알림: 구독 채널의 새 소식이나 구독 정보 등을 알 수
　있습니다.

d. 계정: 계정을 클릭하면 계정과 내 채널, YouTube
　스튜디오, 언어 변경, 설정 등 메뉴가 표시됩
　니다.

03 유튜브 채널 만들기

① 유튜브에 동영상을 올리고 관리할 수 있도록 채널을 만듭니다. 오른쪽 상단의 ❶'계정' 버튼을 클릭한 후 ❷[채널 만들기]를 선택합니다. 그 다음, ❸[시작하기]를 클릭합니다.

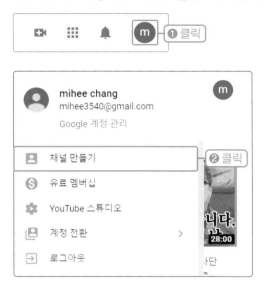

② 채널 생성 방식 선택에서 현재 로그인한 이름 그대로 사용할 것인지, 브랜드 채널을 사용할 것인지 선택합니다. 기존 구글 계정을 사용한다면 '맞춤 이름 사용'을 선택하고 구글 계정을 새로 만들었다면 일반 채널 또는 맞춤 이름 사용에서 선택합니다.

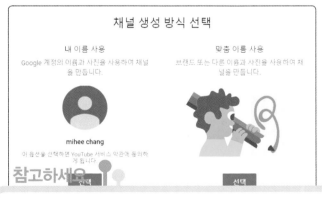

참고하세요

일반 채널과 맞춤 이름 사용(브랜드 채널)

- 일반 채널은 구글 계정으로 유튜브 계정을 함께 사용하는 채널입니다. 유튜브의 채널명을 변경하면 구글의 모든 계정의 이름이 유튜브 채널명으로 변경됩니다.
- 맞춤 이름 사용(브랜드 채널)은 일반 계정 외에 따로 채널을 생성하여 관리합니다. 추후 채널이 확장될 경우 여러 관리자를 두어 채널을 관리할 수 있습니다.
- 기존 계정이든 새로 만든 계정이든 일반 채널보다는 추후 채널의 확장과 여러 관리자를 두어 관리한다면 브랜드 채널을 권장합니다.

04 유튜브 시청 기록과 검색 기록 삭제하기

1 유튜브에서 시청을 하거나 검색을 하면 기록이 남게 됩니다. 먼저 시청 기록을 삭제해 보겠습니다. 왼쪽의 ❶[시청 기록]을 클릭합니다. 화면 오른쪽에 '기록 유형'에서 ❷'시청 기록'을 선택합니다. 시청 기록 목록에서 삭제하고자 하는 동영상 위에 마우스를 올려놓으면 ❸'×' 버튼을 클릭하여 원하는 동영상만 삭제할 수 있습니다.

2 시청 기록을 한꺼번에 삭제할 수도 있습니다. 기록 유형의 하단에서 ❶'시청 기록 지우기'를 선택한 후 '시청 기록 지우기' 대화상자가 열리면 ❷[시청 기록 지우기]를 클릭합니다.

3 시청 기록을 매번 삭제하지 않고 기록을 중지할 수 있습니다. '시청 기록 지우기' 아래에 ❶'시청 기록 일시중지'를 선택한 후 ❷[일시중지]를 클릭합니다.

④ 유튜브는 동영상 검색 기록이 남습니다. 이 검색 기록을 삭제할 수 있습니다. [시청 기록]의 화면 오른쪽에 ❶'검색 기록'을 선택합니다. 검색 기록 목록에서 삭제하고자 하는 검색어 위에 마우스를 올려놓으면 ❷'×' 버튼을 클릭하여 원하는 검색어만 삭제할 수 있습니다.

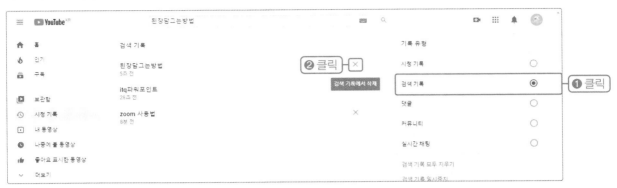

⑤ 검색 기록을 한꺼번에 삭제하려면 기록 유형의 하단에서 ❶'검색 기록 지우기'를 선택하고 ❷'검색 기록 지우기' 대화상자가 열리면 [검색 기록 삭제]를 클릭합니다.

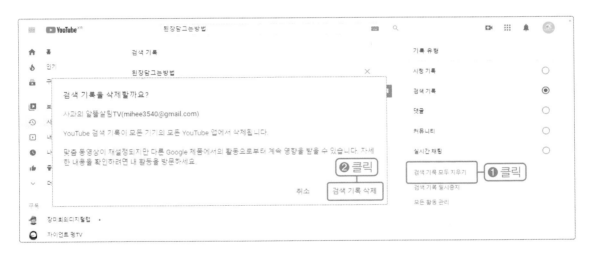

⑥ 검색 기록을 매번 삭제하지 않고 검색 기록을 중지할 수 있습니다. ❶'검색 기록 일시중지'를 선택한 후 ❷[일시중지]'를 클릭합니다.

05 유튜브 동영상 활용 팁

1 유튜브에서 동영상을 검색하여 재생해 봅니다. 왼쪽 하단에는 **❶**'다시보기' **❷**'재생/일시중지' **❸**'다음(영상)' **❹**'음소거/음소거 해제' 버튼이 있습니다. 단축키로도 이 기능을 사용할 수 있습니다. '재생/일시중지'는 K, '다시보기'는 Shift + P, '다음(영상)'은 Shift + N, '음소거/음소거 해제'는 M을 사용합니다.

2 동영상의 자막을 보려면 오른쪽 하단의 **❶**'자막'을 클릭합니다. 단축키는 C입니다. 다시 누르면 자막이 사라집니다. **❷**'설정'을 클릭하면 '재생 속도', '자막', '화질' 등을 선택할 수 있습니다.

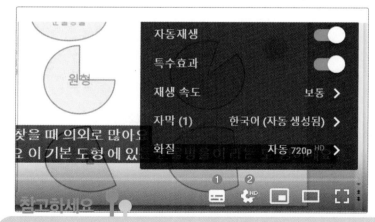

재생 속도 단축키

10초 되감기: J

10초 앞으로 건너뛰기: L

재생 속도 느리게: Shift + ,

재생 속도 빠르게 : Shift + ,

동영상의 특정 지점으로 이동

예를 들어 5를 누르면 동영상 재생 시간의 50% 위치로 이동하고, 8을 누르면 80% 위치로 이동합니다.

③ 동영상 보기 형태를 선택할 수 있습니다. ❶'소형 플레이어'를 클릭합니다. 단축키는 ⓘ입니다.

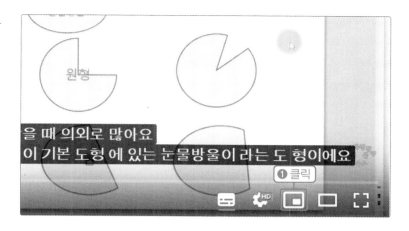

④ '소형 플레이어'를 선택하면 재생된 동영상이 우측 하단으로 최소화 되면서 다른 동영상을 검색할 때에도 재생됩니다. ❶'확장'을 클릭하면 원래대로 되돌아 옵니다.

⑤ ❶'영화관 모드'와 ❷'전체 모드'를 눌러 넓게 동영상을 시청할 수 있습니다. '영화관 모드'는 ⓣ, '전체 모드'는 ⓕ를 단축키로 사용합니다.

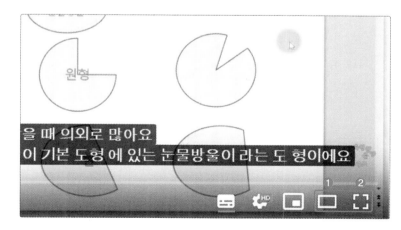

참고하세요 ⏽

[계정]-[단축키] 또는 Shift + ? 를 누르면 단축키 안내 화면이 나옵니다.

06 타임 스탬프와 공유/리스트 만들기

① 유튜브 설명란 또는 댓글에 타임 스탬프를 입력하여 시간을 클릭하면 동영상의 특정 위치로 바로 이동할 수 있습니다. 댓글 입력란에 '시:분:초'와 함께 텍스트를 입력합니다.

② 동영상 전체를 공유하거나 원하는 구간부터 동영상을 공유할 수 있습니다. 동영상을 원하는 부분까지 재생한 후 '일시중지'를 누릅니다. 동영상 하단의 ①'공유'를 클릭합니다. 공유된 동영상이 내가 중지한 부분부터 재생되도록 ②'시작 시간'을 체크한 후 ③URL을 복사하여 SNS 등에 붙여넣기하여 공유합니다.

③ 즐겨보는 동영상 등을 리스트를 만들어 저장할 수 있습니다. ①'저장'을 클릭합니다. ②'저장하기' 창에서 '새 재생목록 만들기'를 클릭하고 ③재생목록 이름을 입력합니다. ④'공개 범위 설정'의 목록 버튼을 눌러 범위를 선택한 후 ⑤[만들기]를 누르면 현재 동영상이 새로 만든 재생목록에 저장됩니다.

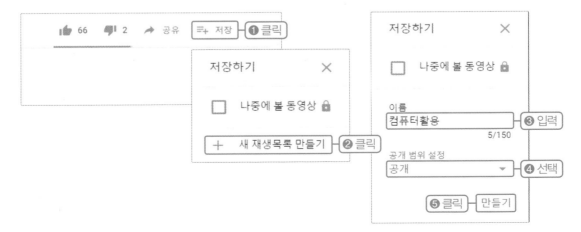

"혼자 풀어 보세요"

1 시청 기록과 검색 기록 사용을 설정해 보세요. '국내 여행'을 검색하고 동영상을 재생해 보세요. 시청 기록을 삭제해 보세요.

2 원하는 동영상을 검색하고, 동영상을 재생해 보세요. 일시중지/재생, 음소거, 10 초 되감기, 10초 앞으로 건너뛰기, 50% 구간으로 이동하기 등 단축키를 활용해 기능을 사용해 보세요.

힌트
- 재생/일시 중지: K
- 음소거/음소거 해제: M
- 10초 되감기: J
- 10초 앞으로 건너뛰기: L
- 동영상의 특정 지점으로 이동: 5 를 누르면 동영상의 50% 지점 이동

[단독] 펭수 "속세와 인연접어" 자연으로 떠난 사연은?!
조회수 1,271,471회 · 2020. 2. 10.   👍 4.4만   👎 628   ↪ 공유

03 채널 레이아웃 설정과 계정 인증

유튜브의 채널은 내가 제작한 동영상을 저장하는 곳입니다. 채널을 관리하고 다른 사람들과 공유하기 위해 채널 이름을 정하고 실시간 라이브 방송, 15분 이상의 동영상 업로드 등을 하기 위해서는 인증 절차도 필요합니다.

➡➡ 유튜브의 채널 이름을 변경하는 방법에 대해 알아봅니다.

➡➡ 유튜브 채널을 추가하는 방법에 대해 알아봅니다.

➡➡ 유튜브의 계정 인증하는 방법에 대해 알아봅니다.

배울 내용 미리보기 ✚

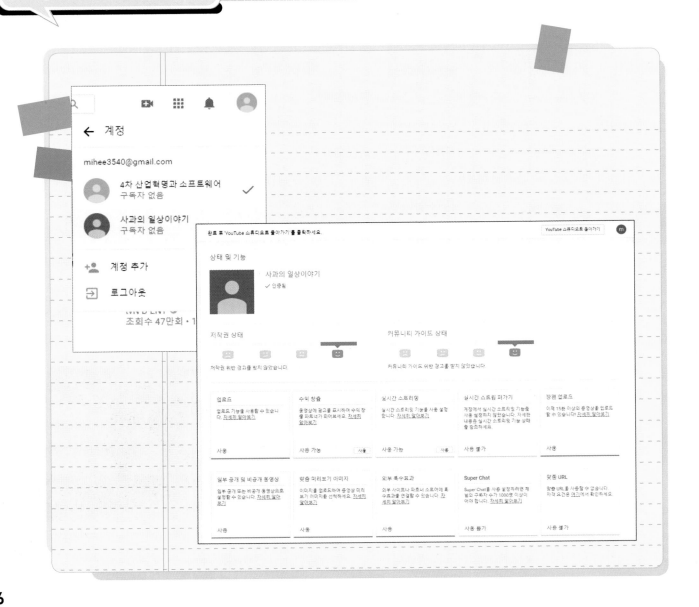

01 유튜브 채널명 변경하기

1 일반 채널의 채널명을 변경할 수 있습니다. 화면 왼쪽의 메뉴에서 ❶[설정]을 클릭합니다.

2 ❶[계정]에서 ❷'Google에서 수정하기'를 클릭합니다.

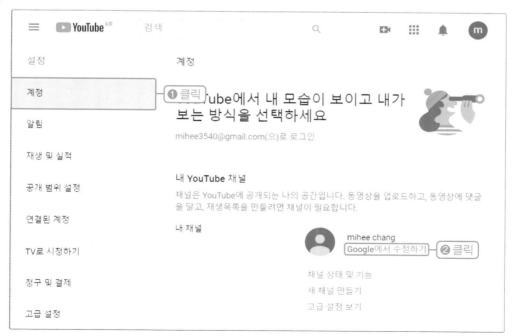

③ 구글에서는 '이름', '성' 순으로 표시됩니다. 이름만 넣고 싶으면 '이름'에만 입력합니다. '닉네임' 을 입력하고 '다음으로 내 이름 표시'에서 표시할 이름을 선택한 후 ❶[확인]을 클릭합니다. 이 름을 변경하는 창이 뜨면 ❷[이름 변경]을 클릭합니다.

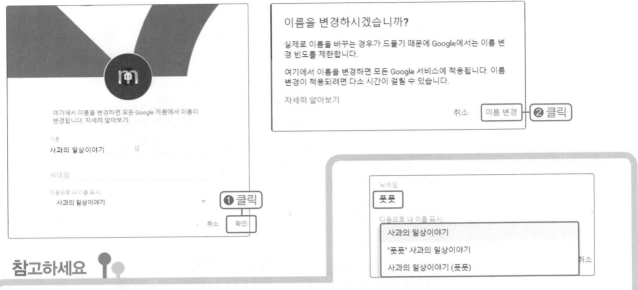

참고하세요

채널명과 닉네임을 입력한 후 '다음으로 내 이름 표시'의 세 가지 중 하나를 선택하면 댓글을 입력하 면 선택한 이름으로 표시가 됩니다.

④ ❶채널명이 변경되었습니다. 유튜브로 이동하기 위해 오른쪽 상단의 ❷'Google 앱'에서 ❸'YouTube'를 클릭합니다. ❹유튜브로 이동한 후 '계정'을 클릭하면 ❺계정에도 채널명이 변경 된 것을 확인할 수 있습니다.

참고하세요

채널명을 변경하면 Gmail, 유튜브 등의 이름도 함께 변경됩니다. 그러므로 유튜브의 계정을 따로 개 설하거나 브랜드 채널을 추가로 개설하여 관리합시다.

02 유튜브 새 채널 추가하기(브랜드 계정)

① 구글과 유튜브 채널을 분리하여 사용하는 방법은 구글 계정을 따로 만들어 사용하거나 브랜드 계정으로 채널을 추가하면 됩니다. 왼쪽의 메뉴에서 ❶[설정]의 [계정]에서 ❷'새 채널 만들기'를 클릭합니다.

참고하세요 🍡

브랜드 계정으로 채널을 추가하면 여러 사람을 관리자로 두어 채널을 관리할 수 있습니다. 구글의 일반 계정을 사용하면 채널명으로 모두 변경되기 때문에 브랜드 계정을 추가하여 채널을 개설하는 것을 권장합니다.

② 새 채널은 브랜드 계정이 됩니다. 관리자를 추가하여 여러 명이 채널을 관리할 수도 있으며 채널명을 자유롭게 변경할 수 있습니다. '브랜드 계정 이름'을 입력한 후 ❶[만들기]를 클릭합니다.

③ 새 채널이 생성이 되어 동영상을 업로드할 수 있습니다.

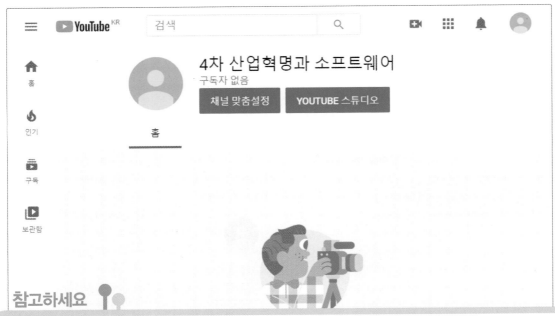

참고하세요

왼쪽 메뉴는 화면이 축소되면 메뉴도 축소됩니다. 메뉴를 클릭하면 메뉴가 확장됩니다.

④ ❶오른쪽 상단의 '계정'을 클릭하여 ❷[계정 전환]을 선택합니다. '일반 채널'과 '브랜드 채널'이 함께 표시되고 채널을 변경할 수 있습니다.

참고하세요

채널 관리자 초대와 채널 삭제

■ 브랜드 채널은 여러 관리자를 초대할 수 있습니다.

① ❶[설정] – [계정]에서 ❷'채널 관리자' – '관리자 추가 또는 삭제'를 클릭합니다. '권한 관리' 창에서 ❸'새 사용자 초대'를 클릭합니다. ❹'새 사용자 추가' 창에서 관리자의 이메일을 입력한 후 관리자 권한을 적용하기 위해 ❺'역할 선택'의 목록 버튼을 클릭합니다.

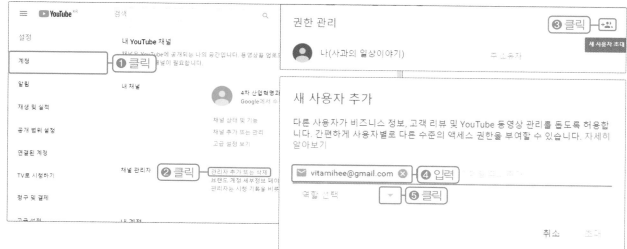

② ❶[관리자]를 선택한 후 ❷[초대]를 클릭합니다.

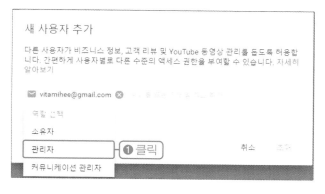

③ 권한 관리자가 초대가 되었습니다. [확인]을 누릅니다.

참고하세요

■ 채널을 삭제할 수 있습니다.

① 채널을 삭제하면 모든 컨텐츠도 함께 삭제가 되므로 신중하게 생각한 후 삭제해야 합니다. 화면 왼쪽 메뉴의 [설정]을 클릭한 후 ❶[계정]에서 ❷'고급 설정 보기'를 클릭합니다.

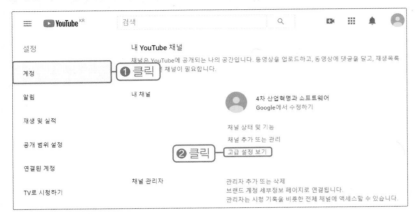

② 'YouTube 콘텐츠 삭제' 창에서 삭제를 원하면 [콘텐츠 완전히 삭제]의 목록 버튼을 누릅니다.

③ ❶완전히 삭제되는 목록을 읽어보고 ❷[콘텐츠 삭제]를 클릭합니다. ❸삭제할 채널명을 입력한 후, ❹[콘텐츠 삭제]를 클릭합니다.

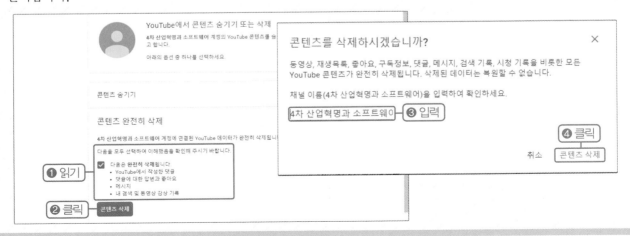

03 채널 계정 인증하기(필수)

1 동영상 업로드 후 '맞춤 미리보기 이미지', '장편 업로드', '외부 특수 효과' 등 다양한 기능을 사용하려면 계정 확인을 받아야 합니다. 화면 왼쪽의 메뉴에서 ❶[설정]을 클릭합니다. ❷'설정' 창의 [계정]에서 ❸'채널 상태 및 기능'을 클릭합니다.

2 '상태 및 기능' 창에서 사용할 수 있는 기능과 사용할 수 없는 기능을 확인합니다. 화면 상단에 내 채널명 아래에 있는 ❶[확인]을 클릭합니다.

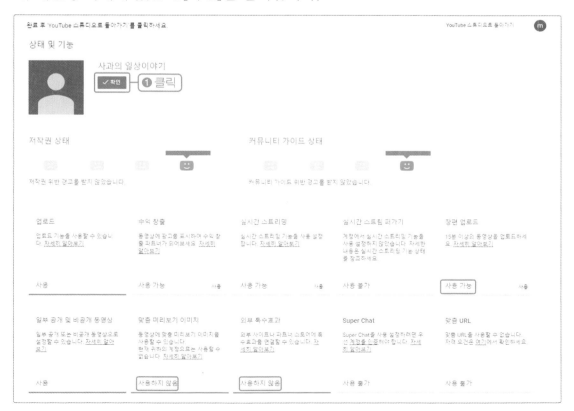

③ '계정 확인' 창에서 **❶**'인증 코드를 문자 메시지로 전송'을 선택하고 인증 코드를 받을 **❷**'전화번호'를 입력한 후 **❸**[제출]을 클릭합니다.

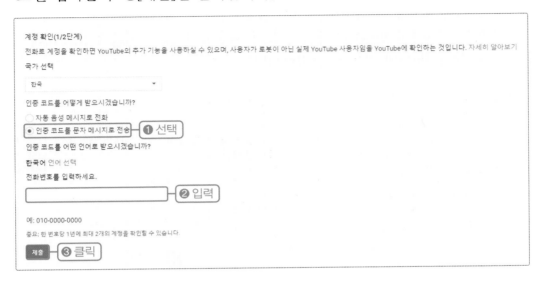

④ '계정 확인' 2단계에서 문자로 온 **❶**인증 코드를 입력한 후 **❷**[제출]을 클릭합니다. '확인 완료' 창이 열리면 **❸**[계속]을 클릭하여 인증을 완료합니다.

⑤ 채널명 아래에 '인증됨'으로 표시되고, 기능이 '사용'으로 변경되었습니다. **❶**[YouTube 스튜디오로 돌아가기]를 클릭합니다.

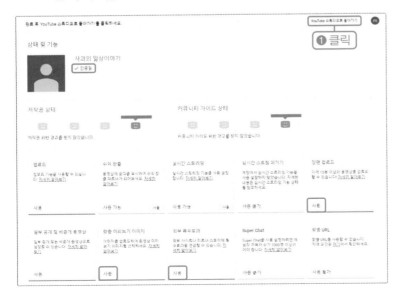

6 내 채널을 관리하는 'YouTube 스튜디오' 화면입니다. ❶'계정'을 클릭한 후 ❷[내 채널]을 선택합니다.

7 '채널 맞춤설정'과 동영상을 업로드할 수 있는 '내 채널' 화면입니다. 화면 왼쪽 상단의 ❶[YouTube] 로고를 클릭하여 'YouTube' 홈 화면으로 이동합니다.

채널 아트와 채널 로고 추가하기

유튜브 채널의 로고, 채널 아트에는 내 채널의 성격과 개성을 잘 담아내고, 시청자를 끌어들일 수 있는 좋은 요소입니다. 채널 아트와 로고를 활용해 나만의 브랜딩을 할 수 있습니다.

➤➤ 내 채널의 화면 구성을 알아봅니다.

➤➤ 채널 아트와 채널 로고를 만드는 방법에 대해 알아봅니다.

➤➤ 채널 아트와 채널 로고를 추가하는 방법에 대해 알아봅니다.

배울 내용 미리보기 ➕

 **01 내 채널 화면 구성 살펴보기**

내 채널의 화면 구성을 먼저 이해하고 어떻게 꾸밀 것인지 생각해 봅니다.

사람들이 내 채널에 방문했을 때 어떤 채널인지를 파악할 수 있어야 합니다. 채널 아트와 레이아웃 구성은 채널 방문자와 나누는 커뮤니케이션 창입니다. 이미지와 텍스트를 적절히 활용한 채널 소개와 설명 등을 제작하여 개성을 표현해야 합니다.

❶ **채널 아트**: 유튜브 상단에 들어가는 이미지로 내 채널의 첫 인상을 보여주는 곳입니다. 내 채널이 어떤 곳인지 무엇을 하는 곳인지 이미지를 통해 소개할 수 있습니다. 채널 아트 오른쪽에는 SNS 링크를 달아 나의 SNS를 방문하여 다른 콘텐츠도 공유할 수 있습니다.

❷ **채널 아이콘**: 채널을 대표하는 로고와 같은 역할을 합니다. 채널을 한 번에 알아볼 수 있는 로고를 삽입하는 것이 좋습니다.

❸ **메뉴바**: 채널에서 사용할 수 있는 메뉴입니다.

❹ **미리보기 이미지**: 신규 방문자, 예약, 업로드한 동영상 등 콘텐츠의 미리보기 영역입니다.

참고하세요

MCN(Multi Channel Network)은 다중 채널 네트워크라고 하며 1인 방송 크리에이터들의 기획, 프로모션, 수익 창출, 저작권 관리, 광고, 유통 등의 콘텐츠 제작에 필요한 것을 지원하고 관리하는 유튜버들의 소속 회사입니다. 우리나라에서는 CJ E&M, 다이아TV, 트레져헌터, 샌드박스, 비디오 빌리지 등의 소속 회사들이 있습니다.

02 파워포인트로 채널 아트 제작하기

채널 아트는 내 채널을 소개할 수 있는 중요한 부분입니다. 이미지, 텍스트 등을 적절히 배치하여 채널의 특징을 방문자들에게 전달하는 역할을 합니다. MS 파워포인트를 이용하거나 템플릿을 제공하고 활용할 수 있는 사이트를 이용합니다.

채널아트는 사이즈에 맞춰 제작해야 합니다.
채널 아트는 데스크톱, 모바일, TV 등에서 각기 다르게 표시되며 이미지가 작으면 해상도가 낮아 흐리게 보이고 크기가 크면 잘릴 수 있으므로 모든 기기에서 이미지가 적절히 표시되도록 하려면 2560x1440 픽셀로 크기를 정하고 정해진 영역 안에 이미지를 삽입하여 제작합니다.

TV	• 2560px×1440px(67.7cm×38.1cm)
텍스트 및 로고를 넣을 최소 안전 영역	• 1546px×423px(41cm×11.2cm) • 이 영역 외에는 특정 보기 또는 기기에서 잘림
최대 너비	• 2560px×423px(67.7cm×11.2cm) • 화면 크기에 관계없이 '안전 영역'이 항상 표시
태블릿	• 1855px×423px(49cm×11.2cm)
파일 크기	• 6MB 이하

참고하세요

유튜브 제공 채널 아트 가이드
https://bit.ly/39ZhYdR

① '채널아트 사이즈원본.ppt' 파일을 열어줍니다. 파워포인트의 슬라이드에 빨간색 안내선이 표시되어 있습니다. 안내선을 기준으로 빨간 상자 안쪽에 채널을 꾸미는게 안정적입니다.

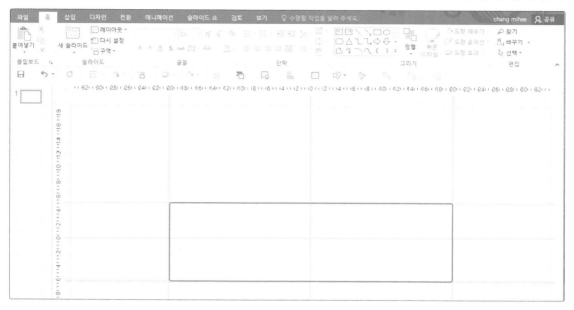

② ❶[디자인]탭의 ❷'사용자 지정' 그룹의 [배경 서식]을 클릭합니다. ❸'배경 서식' – '채우기'의 '단색 채우기'를 선택하고 ❹'색'의 목록 버튼을 클릭하여 ❺임의의 색을 선택합니다. ❻'배경 서식' 창을 닫습니다.

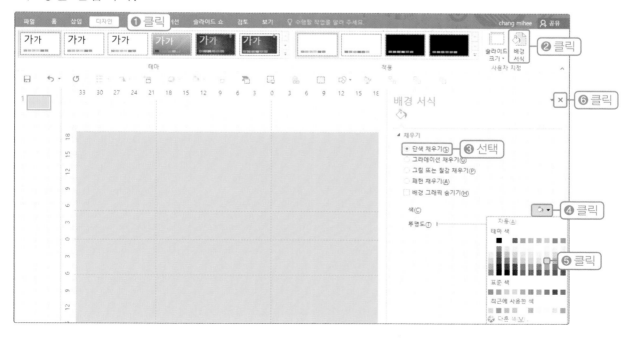

③ 채널 아트에 채널명을 삽입하기 위해 ❶[삽입] 탭의 ❷'텍스트' 그룹에서 [WordArt]를 클릭합니다. ❸임의의 WordArt(워드아트)를 클릭합니다.

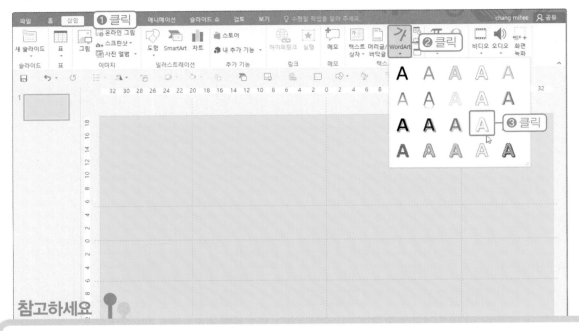

참고하세요 🌲

'WordArt'를 이용하면 테두리, 그림자, 네온 등의 효과가 적용되어 있어 쉽게 사용할 수 있습니다.

④ 워드아트에 유튜브 채널명을 입력한 후 ❶워드아트를 선택하고 ❷[그리기 도구] – [서식] 탭을 클릭합니다. ❸'WordArt 스타일' 그룹에서 [텍스트 효과] 목록 버튼을 클릭한 후 ❹[변환]에서 ❺'이중 물결 1'을 선택합니다. ❻[홈] 탭에서 ❼임의의 글꼴을 적용한 후 ❽드래그하여 크기를 조절하고 위치를 이동합니다.

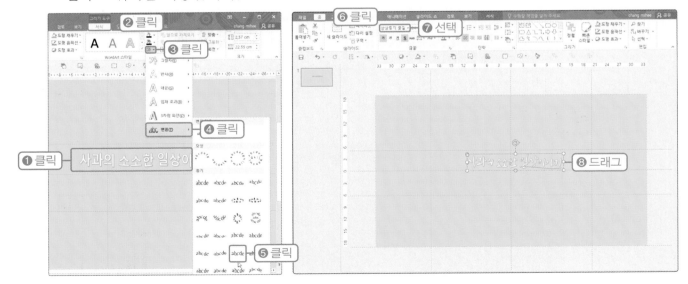

⑤ 제목 아래에 간단한 설명을 입력하기 위해 ❶[홈] 탭의 ❷'그리기' 그룹의 '도형' 목록 버튼을 클릭한 후 ❸'기본 도형'의 '텍스트 상자'를 선택합니다.

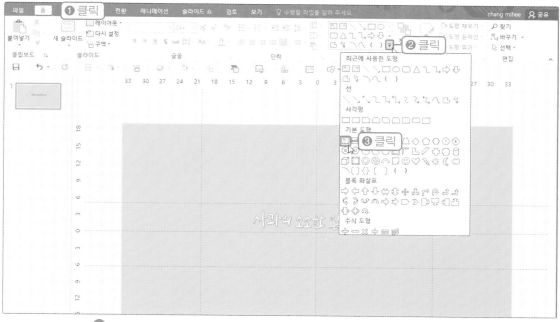

참고하세요

'텍스트 상자'에 내용을 입력해도 'WordArt'의 스타일을 적용할 수 있습니다.

⑥ ❶텍스트 상자를 클릭한 후 내용을 입력하고 ❷[홈] 탭을 클릭한 후, ❸'글꼴' 그룹에서 글꼴, 크기, 속성 등 임의로 설정합니다.

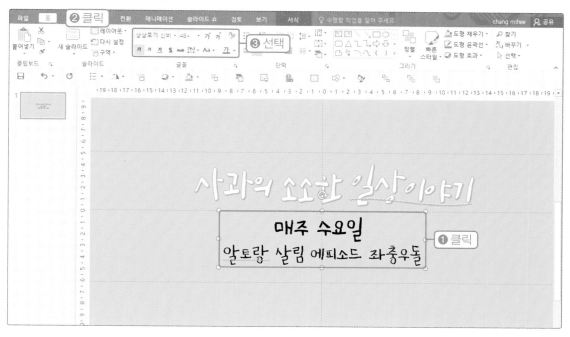

⑦ 그림을 삽입하기 위해 ❶[삽입] 탭의 ❷'이미지' 그룹의 [그림]을 클릭합니다. 그 다음, ❸원하는 그림을 더블클릭하여 슬라이드에 삽입합니다.

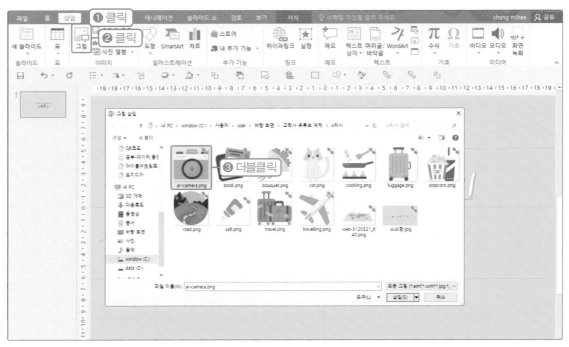

⑧ ❶삽입된 그림을 선택한 후 모서리의 둥근 핸들러를 이용해 크기를 조절합니다. ❷그림을 적절한 위치로 이동한 후 회전 핸들러를 이용해 회전합니다.

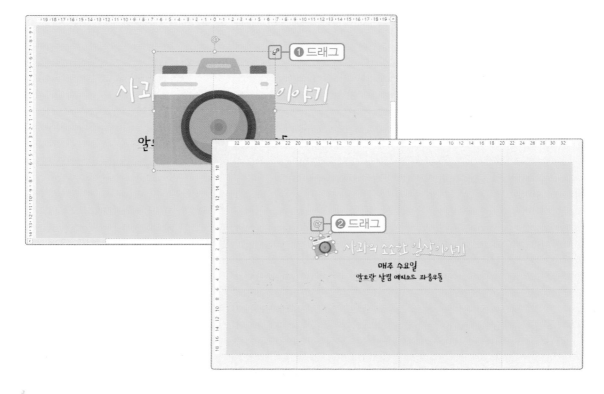

⑨ 안전 영역을 표시한 테두리에서 벗어나지 않도록 다른 그림도 삽입하여 아래와 같이 크기를 조절하고 배치합니다.

⑩ 텍스트의 색을 이미지에서 추출하여 채널아트 전체를 어울리게 합니다. ❶변경하고자 하는 텍스트를 블록 설정한 후 ❷[홈] 탭의 ❸'글꼴' 그룹의 '글꼴 색'의 목록 버튼을 클릭한 후 ❹[스포이트]를 선택합니다.

참고하세요

색을 삽입된 이미지에서 추출하여 사용하면 전체적인 색상의 조화를 이룰 수 있습니다.

11 ❶마우스 커서 모양이 스포이트로 변경되고 추출하고자 하는 색상이 있는 이미지 위에 올려놓은 후, 클릭합니다. 텍스트의 색이 추출한 이미지의 색으로 변경됩니다.

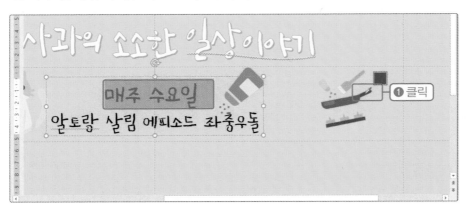

12 제작한 채널 아트 슬라이드를 이미지로 저장합니다. ❶[파일] 탭의 [내보내기]에서 ❷[파일 형식 변경]을 클릭한 후 ❸[JPEG 파일 교환 형식(*.jpg)]을 선택한 후 ❹[다른 이름으로 저장]을 클릭합니다.

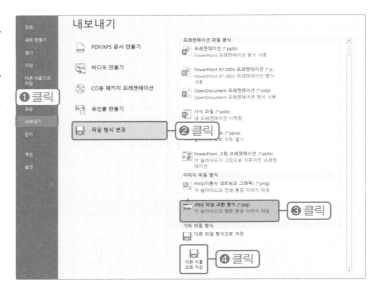

13 ❶'다른 이름으로 저장' 대화상자가 열리면 저장할 폴더를 선택하고 '파일 이름'을 입력한 후 ❷[저장]을 클릭합니다. ❸'내보낼 슬라이드를 선택하세요.' 메시지 창에서 [현재 슬라이드만]을 선택하여 저장합니다.

무료 아이콘 다운로드 받기

1 'http://flaticon.com'은 채널 아트와 채널 아이콘, 썸네일 등을 만들 때 무료로 사용할 수 있는 아이콘 사이트입니다. 회원가입을 하지 않으면 하루에 10개를 무료로 다운로드 받을 수 있습니다. 먼저, 한글 검색이 가능하도록 언어를 바꾸기 위해 화면 하단으로 이동합니다. ❶[Language]를 클릭한 후 ❷[한국어]를 선택합니다.

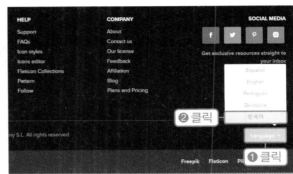

2 ❶검색란에 '여행'을 입력한 후 Enter 를 누릅니다. ❷검색된 아이콘 중에 하나를 클릭합니다.

3 ❶아이콘의 목록이 표시되면 다운로드할 아이콘을 선택한 후 ❷[PNG]의 목록버튼을 누른 후 다운로드받을 픽셀을 선택합니다. ❸[무료 다운로드]를 클릭합니다. 바탕화면에서 '내 PC' – '다운로드' 폴더를 확인합니다.

크롬 브라우저에서의 다운로드 폴더 변경하기

다운로드 폴더를 변경하여 사용하려면 크롬의 오른쪽 상단의 'Chrome 맞춤설정 및 제어' 버튼을 클릭한 후 [설정]의 '고급' – '다운로드'에서 다운로드 위치를 변경할 수 있습니다.

무료 폰트 다운로드받기

■ 상상토끼 폰틀리에

'https://sangsangfont.com'에 접속합니다. 회원가입을 해야 사용할 수 있습니다. ❶[폰트]의 ❷'무료 FREE'에서 사용할 수 있습니다.

■ 우아한형제들(https://www.woowahan.com/)

■ 네이버 한글한글 아름답게 캠페인(hangeul.naver.com)

③ 채널 아트 추가하기

1 크롬 브라우저를 열고 유튜브에 접속합니다. 오른쪽 상단의 ❶'계정'을 클릭한 후 ❷[내 채널]을 선택합니다. '내 채널' 창으로 이동되면 ❸[채널 맞춤설정]을 클릭합니다.

2 '채널 맞춤설정' 창에서 ❶[채널 아트 추가]를 클릭합니다.

③ '채널 아트' 대화상자가 열리면 ❶[사진 업로드] 탭에서 ❷[컴퓨터에서 사진 선택]을 클릭합니다. ❸저장한 채널 아트 이미지를 선택하고 ❹[열기]를 클릭합니다.

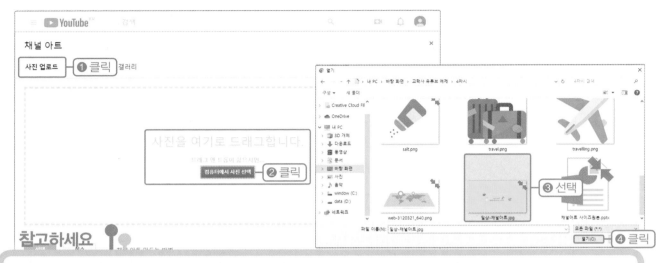

참고하세요

사진이 있는 폴더를 열고 드래그하여 바로 업로드할 수도 있습니다.

④ 각 기기에 따라 보이는 채널 아트 적용 상태를 확인한 후, ❶[선택]을 클릭합니다.

참고하세요

[자르기 조정]을 클릭하여 채널아트의 크기를 조절할 수 있습니다.

5 채널 아트가 적용된 것을 확인할 수 있습니다.

 참고하세요

채널 아트를 수정하려면 [채널 맞춤 설정]을 클릭한 후 '채널 아트'의 우측 상단의 연필 모양
버튼을 클릭하여 [채널 아트 수정]에서 추가하거나 '내 채널' 창에서 우측 상단의 '카메라' 버
튼 또는 채널 아트 부분을 클릭하여 수정할 수 있습니다.

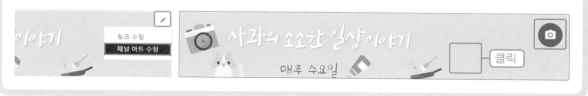

04 채널 로고 제작과 추가하기

채널 로고는 '800px × 800px(21.1cm × 21.1cm)' 크기로 제작하며 jpg, gif, bmp, png 등 이미지 파일이어야 합니다. 저작권과 커뮤니티에 위배되지 않는 이미지로 작성합니다.

1 파워포인트로 채널 로고를 제작하기 위해 슬라이드의 크기를 맞춥니다. ❶[디자인] 탭에서 ❷[슬라이드 크기]를 클릭한 후 ❸[사용자 지정 슬라이드 크기]를 클릭합니다. ❹'슬라이드 크기' 창에서 '슬라이드 크기'는 '사용자 지정'으로 선택한 후 '너비'와 '높이'를 '21.1cm'로 변경한 후 ❺[확인]을 클릭합니다. ❻[맞춤 확인]을 클릭합니다.

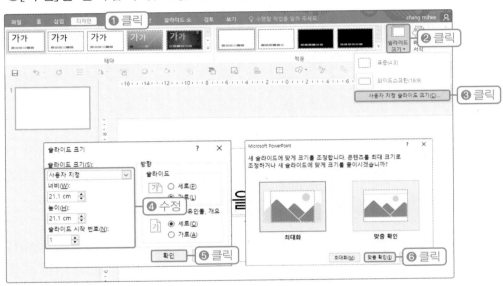

2 슬라이드 크기가 변경되면 레이아웃을 빈 슬라이드로 변경합니다. ❶[홈] 탭에서 ❷'슬라이드' 그룹의 [레이아웃]을 클릭하여 ❸[빈 화면]으로 변경합니다.

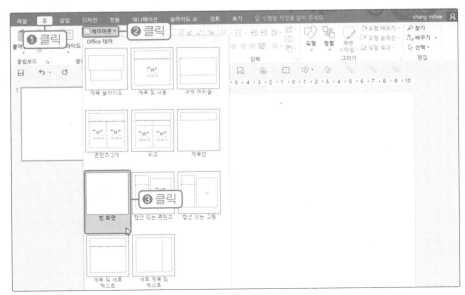

③ 그림을 삽입하기 위해 ❶[삽입] 탭의 ❷'이미지' 그룹의 [그림]을 클릭합니다. ❸'그림 삽입' 대화
상자가 열리면 원하는 그림을 더블클릭합니다.

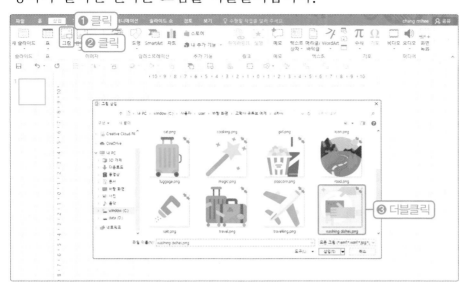

④ 삽입된 그림을 선택한 후 ❶모서리의 조절점을 이용해 크기를 조절합니다. ❷텍스트를 삽입하기
위해 [삽입] 탭의 ❸'텍스트' 그룹의 [WordArt]를 클릭한 후 ❹임의로 선택을 합니다.

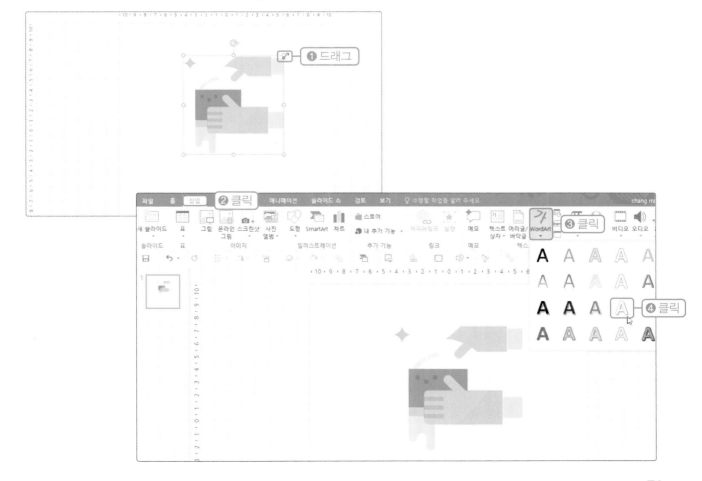

⑤ 텍스트의 모양을 변형하기 위해 ❶텍스트를 선택한 후 오른쪽 상단의 ❷[그리기 도구] – [서식] 탭을 클릭합니다. ❸'WordArt 스타일'의 [텍스트 효과]를 클릭한 후, ❹[변환]에서 ❺'아래쪽 원호'를 선택합니다.

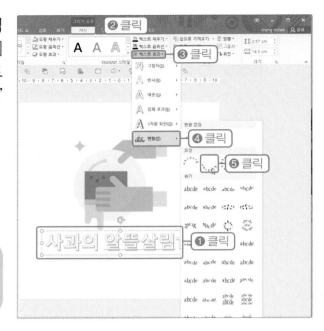

참고하세요

채널 로고는 내 사진이나 텍스트로도 꾸밀 수 있습니다.

⑥ ❶[홈] 탭의 ❷'글꼴' 그룹에서 '글꼴'과 '글꼴 크기'를 설정한 후 텍스트의 전체 크기와 위치를 조정합니다.

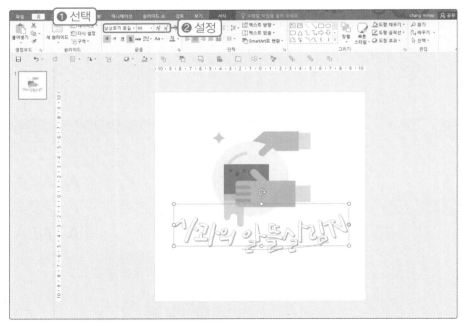

7 로고의 배경을 바꾸기 위해 ①[디자인] 탭의 ②'사용자 지정' 그룹의 [배경 서식]을 클릭합니다. ③'단색 채우기'를 선택하고 ④'색'의 목록 버튼을 클릭한 후, ⑤[스포이트]를 선택합니다.

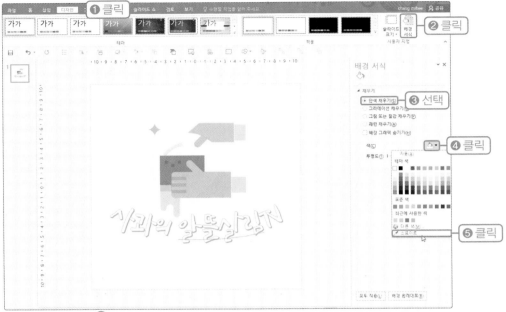

참고하세요

스포이트는 사진이나 그림 속의 색을 추출하여 텍스트 색, 배경 색, 도형 색 등을 변경하여 전체적인 색의 조화를 이루고자 할 때 사용합니다.

8 ①스포이트 모양의 커서를 배경색으로 쓸 이미지의 색상 위에 올려 놓고 클릭합니다. 클릭한 지점의 색으로 배경색이 변경되었습니다.

9 [파일]을 클릭한 후 **❶**[내보내기]에서 **❷**[파일 형식 변경]을 선택합니다. **❸**'이미지 파일 형식'의 [JPEG 파일 교환 형식(*.jpg)]을 선택한 후 **❹**[다른 이름으로 저장]을 클릭합니다.

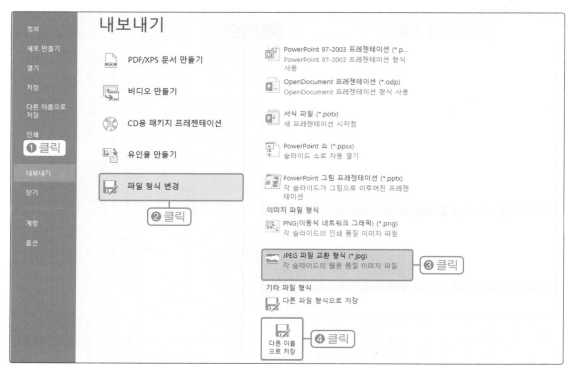

10 '다른 이름으로 저장' 대화상자가 열리면 저장될 폴더와 이름을 입력합니다. **❶**[현재 슬라이드만]을 클릭하여 채널 로고를 저장합니다.

11 유튜브에서 채널 로고를 추가하기 위해 ❶'계정'을 클릭하여 ❷[내 채널]을 선택합니다. ❸'채널 로고'를 클릭한 후 '프로필 사진 수정' 메시지 상자에서 ❹[수정]을 클릭합니다.

12 ❶'사진 선택' 창에서 [사진 업로드]를 클릭합니다. '열기' 대화상자가 열리면 ❷'채널로고.jpg'를 선택한 후 ❸[열기]를 클릭합니다.

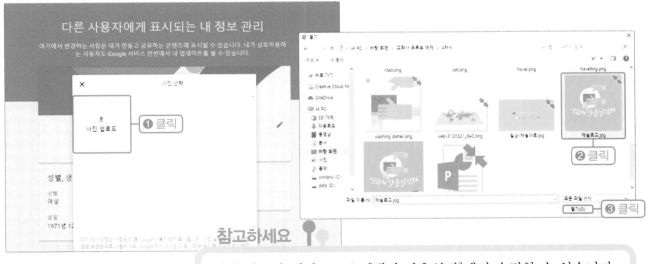

참고하세요

채널 아트와 채널 로고는 [채널 맞춤설정]에서 수정할 수 있습니다.

13 채널 로고가 등록되었습니다. 유튜브로 이동하기 위해 오른쪽 상단의 'Google 앱'에서 'YouTube'를 클릭합니다.

14 채널 로고가 등록된 것을 확인할 수 있습니다.

참고하세요 🍡

쉽고 빠르게 채널 아트와 채널 로고를 제작할 수 있는 사이트

1️⃣ 'canva.com'에서는 다양한 템플릿을 제공하고 있으며, 기존 템플릿을 수정하거나 새 디자인을 만들어 제작할 수 있습니다. 크롬 브라우저에서 'https://www.canva.com'에 접속합니다. ❶한국어로 사용할 수 있도록 오른쪽 하단으로 스크롤을 내린 후 언어를 '한국어'로 변경합니다. ❷계정으로 쉽게 가입할 수 있습니다. ❸가입한 후 로그인을 합니다.

2️⃣ 검색란에 ❶'YouTube 채널아트'를 입력한 후 ❷추천 단어를 클릭합니다. ❸검색된 목록 중에서 하나를 선택합니다.

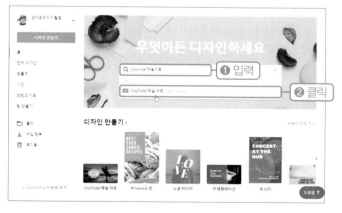
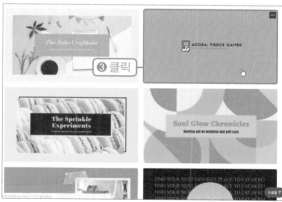

③ ❶아이콘을 클릭했을 때 '워터마크 제거'라는 메시지가 뜨면 유료이므로, Delete 를 눌러 삭제합니다. 필요없는 개체는 삭제하고 다른 개체로 삽입할 수 있습니다. ❷[요소]를 선택한 후 ❸검색란에 '고양이'를 검색합니다. ❹'고양이' 클립아트를 선택한 후 ❺크기를 조절하여 적당한 위치에 배치합니다.

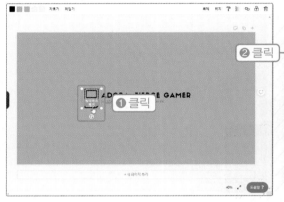

'요소'에서는 다양한 아이콘, 스티커, 차트, 도형, 그리드, 프레임 등을 삽입할 수 있으며 검색하여 콘텐츠를 삽입할 수 있습니다.

④ ❶텍스트 상자를 더블클릭하여 텍스트를 수정합니다. ❷텍스트 상자를 선택한 후 글꼴, 글자 크기, 글자 속성 등을 변경합니다. ❸오른쪽 상단의 [다운로드]를 클릭합니다. ❹'파일 형식'을 선택한 후 [다운로드]를 클릭합니다.

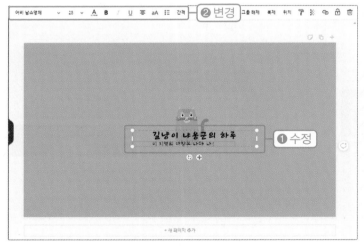

'Canva'의 사용자 지정 디자인

☐ 사용자 지정 디자인 설정하고 배경 넣기를 넣을 수 있습니다. ❶[디자인 만들기]를 클릭하고 ❷[사용자 지정 치수]를 선택합니다. ❸'2560×1440'을 입력한 후 ❹[디자인 만들기]를 클릭합니다. ❺[배경]에서 색을 선택합니다.

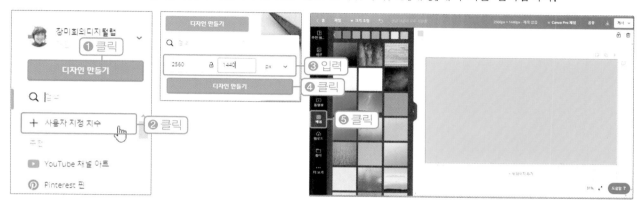

☐ 사진을 검색하여 삽입하거나 컴퓨터에 있는 사진을 업로드하고 편집할 수 있습니다.

☐ [요소]에서 그리드, 프레임, 스티커, 차트 등을 삽입할 수 있으며, 프레임을 삽입하고 사진을 드래그하여 프레임에 넣어 다양한 모양의 사진을 만들 수 있습니다. [텍스트]에서 다양한 텍스트를 삽입할 수 있습니다.

05 채널 정보 수정과 동영상 업로드

내 채널의 정보와 링크 정보는 방문하는 시청자들에게 내 채널의 정보에 설명을 넣어 어떤 채널인지를 알려주고 SNS의 링크 정보를 넣어 다른 채널로부터 유입할 수 있습니다. 또한 제목, 설명, 태그 등은 검색의 중요한 요소가 됩니다.

➤➤ 내 채널의 레이아웃을 알아봅니다.

➤➤ 정보를 추가하고 링크 정보를 수정하는 방법에 대해 알아봅니다.

➤➤ 동영상을 업로드하는 방법에 대해 알아봅니다.

배울 내용 미리보기 ➕

01 채널 정보와 레이아웃 확인하기

1 '계정'의 [내 채널]을 클릭합니다. [정보] 탭에는 구독자나 방문자들에게 채널의 정보를 설명하고 공간이 존재합니다. '채널 아트'에는 링크 정보를 넣어 유튜브 채널에 다른 SNS로 유입될 수 있도록 설정할 수 있습니다.

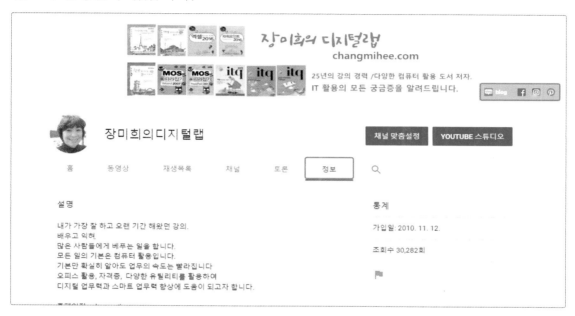

2 [채널 맞춤설정]으로 재방문 구독자용과 신규 방문자용으로 나누어 볼 수 있는 동영상을 따로 설정할 수 있으며 재생목록을 만들어 동영상을 관리할 수 있습니다.

02 채널 정보와 링크 정보 설정하기

1 ❶'계정'에서 ❷[내 채널]을 클릭한 후, ❸[채널 맞춤설정]을 클릭합니다.

2 ❶[정보] 탭에서 ❷[채널 설명]을 클릭합니다.

③ 내 채널 방문자들이 채널에 대한 정보를 알 수 있도록 ❶'채널 설명'을 입력합니다. ❷[완료]를 클릭하여 완성합니다.

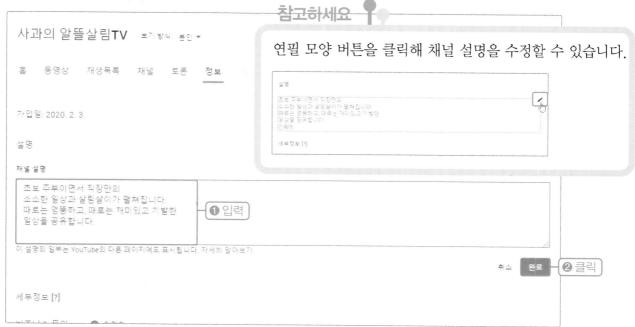

④ 나의 SNS 계정이 있다면 링크를 삽입할 수 있습니다. [정보] 탭 하단의 ❶[링크]를 클릭합니다.

❺ ❶'맞춤 링크'의 개수를 설정하고 ❷[추가]를 클릭합니다. ❸SNS 종류와 URL을 입력한 후
❹[완료]를 클릭합니다.

❻ 채널 아트의 오른쪽 하단에 링크가 표시됩니다.

참고하세요

연필 모양 버튼을 클릭해 링크 정보를 수정할 수 있습니다.

03 동영상 업로드와 메타 데이터 활용

1 유튜브의 오른쪽 상단의 ❶'동영상 또는 게시물 만들기'를 클릭한 후 ❷[동영상 업로드]를 선택합니다.

2 '동영상 업로드' 창에서 ❶[파일 선택]을 누르고 ❷'열기' 대화상자가 열리면 동영상을 선택한 후 ❸[열기]를 클릭합니다.

참고하세요

내 동영상을 미리 준비해서 업로드합니다.

③ '동영상 업로드' 1단계의 '세부정보'를 입력합니다. '제목', '설명', '태그'는 매우 중요한 역할을 합니다. 유튜브의 검색과 노출, 추천에 활용됩니다. ❶'제목' 입력란에 동영상 제목을 입력합니다. 중요한 키워드를 포함하여 작성합니다.

참고하세요

메타데이터란?

동영상은 제목, 설명, 태그, 자막에 의해 검색되고 노출, 추천됩니다. 동영상의 주제를 나타내는 중요한 키워드를 파악해 제목, 설명 등을 작성할 때 포함합니다.

④ 동영상에 대한 설명을 작성합니다. 키워드를 활용하면 동영상을 검색할 수 있습니다. 설명 앞부분에 키워드를 배치합니다. ❶'#'을 이용해 해시태그를 입력합니다. 우선 순위가 높은 순으로 '공백 없이' 입력합니다. 해시태그는 동영상 제목 위쪽에 세 개가 표시되며 설명란 어느 위치든 상관없이 작성 가능합니다. ❷동영상에 대한 설명을 입력합니다. 설명은 처음 2~3줄이 노출됩니다. 채널 방문자들은 제목과 설명으로 동영상을 볼 것인지 결정하게 될 것입니다.

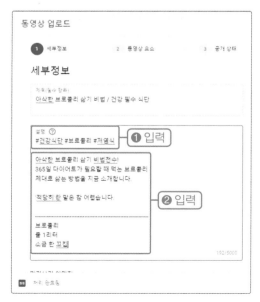

참고하세요

설명에 추가할 내용

설명란에 동영상 추가 정보, 동영상의 목차, 타임스탬프를 이용한 구간 설명 등을 덧붙여 시청자들이 채널을 구독하고 다양한 정보를 얻을 수 있도록 합니다.

해시태그를 이용한 동영상 검색

한 주제에 대한 동영상을 검색할 때 해시태그로 검색할 수 있습니다. 또한 동영상 제목, 동영상 제목 위, 동영상 설명에 있는 해시태그를 클릭하면 관련 동영상이 검색됩니다.

⑤ '미리보기 이미지'로 동영상에서 추출된 이미지를 선택할 수 있지만 따로 제작하여 업로드합니다.

⑥ 동영상을 관리하는 동영상 모음으로 '재생목록'이 있다면 선택합니다. **①**'재생목록'의 목록 버튼을 클릭합니다. 재생목록이 없다면 **②**[재생목록 만들기]를 클릭합니다.

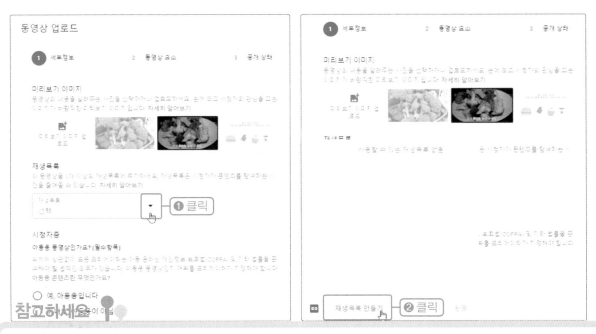

재생목록을 만들면 시청자들이 재생목록에 있는 모든 동영상을 연속 재생할 수 있습니다.

7 ❶'제목'을 입력하고 ❷'공개 상태'를 선택한 후 ❸[만들기]를 클릭합니다. ❹생성된 재생목록이 선택된 상태에서 ❺[완료]를 클릭합니다. 재생목록을 추가하고 싶다면 '새 재생목록'을 클릭하여 생성합니다. 〈9강 재생목록 관리하기〉를 참고하세요.

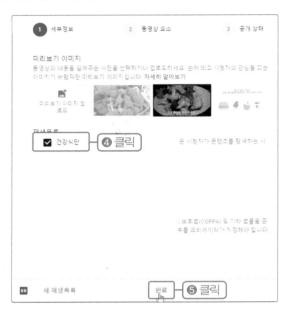

참고하세요

유튜브는 동영상이 저화질로 업로드된 후 품질이 개선됩니다. '비공개'로 업로드한 후 품질 개선 후 '공개'로 설정합니다.

8 '시청자층'을 설정합니다. 유튜브의 정책에 따라 아동용인지 여부를 선택해야 합니다. ❶'시청자층'을 선택합니다. ❷[옵션 더보기]를 클릭합니다.

참고하세요

'내 콘텐츠가 아동용인지 판단하는 방법' 자세한 내용은 아래 주소를 방문하거나 QR코드를 찍어보세요.

http://bitly.kr/yjairixG

⑨ 태그를 입력합니다. ❶'태그' 입력란에 쉼표로 구분하여 검색어를 입력합니다. 1개의 동영상에 많은 태그를 추가하면 관련성이 낮은 동영상으로 표시됩니다. 15개가 넘는 해시태그는 모든 해시태그를 무시하며 업로드 또는 검색 결과에서 영상이 삭제될 수 있습니다.

⑩ 내 콘텐츠의 허용 방식을 정합니다. ❶동영상의 주제에 맞는 카테고리를 선택하고, 댓글 공개 상태를 선택한 다음 ❷[다음]을 클릭합니다.

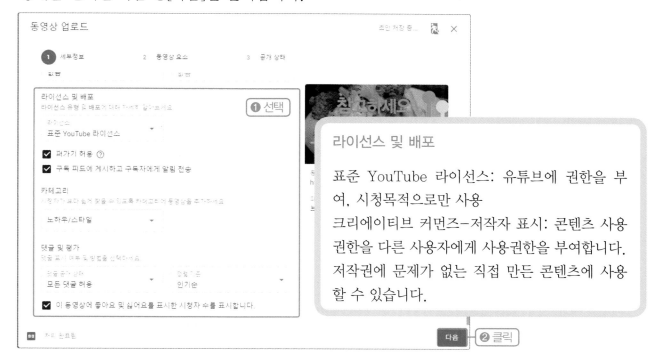

11 동영상 업로드의 두 번째 단계인 '동영상 요소'입니다. 여러 동영상이 있는 경우 사용할 수 있으며, 〈8강 최종 화면과 카드 설정하기〉에서 자세히 알아봅니다. ❶[다음]을 클릭합니다.

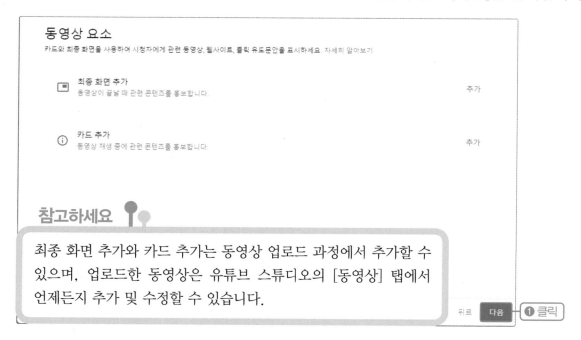

12 동영상 업로드의 마지막 단계인 '공개 상태'입니다. 게시할 동영상의 공개 여부를 선택합니다. 처음 동영상 업로드는 ❶'비공개'로 올린 후 ❷[완료]를 클릭합니다.

13 'YouTube Studio' 창으로 이동됩니다. 업로드한 동영상이 표시됩니다. 왼쪽 'YouTube Studio' 메뉴의 [동영상]을 클릭하면 동영상 목록이 표시됩니다.

14 동영상을 재생하여 제대로 표시되면 공개 상태를 변경합니다. 비공개 동영상을 '공개'로 변경하기 위해 ❶'공개 상태'의 목록 버튼을 클릭합니다.

15 ❶'공개'를 선택하고 ❷[저장]을 클릭합니다.

16 업로드된 동영상을 확인하기 위해 내 채널로 이동합니다. ❶'계정'에서 ❷[내 채널]을 클릭합니다.

17 채널 아트, 채널 로고, 정보, 링크 정보, 업로드 동영상이 있는 내 채널을 확인합니다.

1 내 채널의 '정보'를 수정해 보세요.

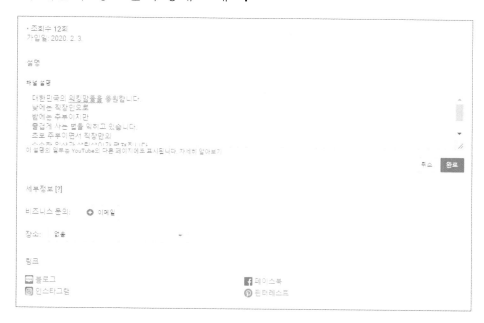

2 내 채널에 여러 동영상을 업로드해 보세요.

06 YouTube 스튜디오 대시보드

YouTube 스튜디오를 이용해 내 채널의 전체적인 정보를 알아보고, 업로드된 동영상의 세부 편집을 할 수 있습니다.

➤➤ 대시보드에 대해 알아봅니다.
➤➤ 업로드된 동영상의 편집 방법에 대해 알아봅니다.

배울 내용 미리보기 ➕

01 채널 정보를 한 눈에 보는 대시보드

1 'YouTube 스튜디오'는 내 채널의 동영상, 분석, 댓글, 자막, 수익 창출 등 채널에 관한 정보를 분석하는 창입니다. **❶**'계정'의 **❷**[YouTube 스튜디오]를 클릭합니다.

2 **❶**[대시보드]로 이동합니다. 여기서는 최근 동영상 실적, 뉴스, 채널 분석, 인기 동영상, 최근 구독자 수 등을 살펴볼 수 있습니다.

02 세부 정보를 편집하는 동영상 목록

1 업로드된 동영상의 세부 정보를 수정할 수 있습니다. ❶[동영상]을 클릭한 후, 수정한 동영상 위에 마우스를 올려 놓으면 '세부정보', '분석', '댓글', 'YouTube에서 보기' 메뉴가 표시됩니다. 동영상 세부정보를 수정하기 위해 ❷미리보기 화면 또는 연필 모양 버튼을 클릭합니다.

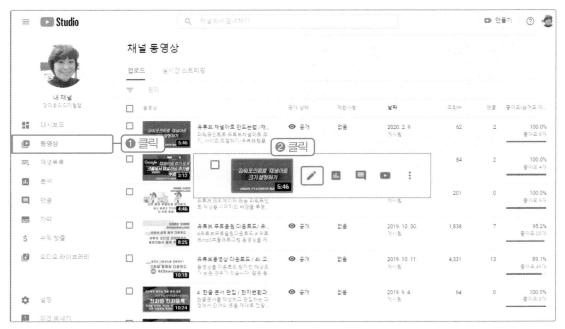

2 [기본] 탭에서는 제목, 설명, 태그, 재생목록, 공개 범위, 카드, 최종 화면 등을 수정하거나 추가할 수 있습니다. 카드와 최종 화면은 〈8강 최종 화면과 카드 설정하기〉를 참고하세요.

③ ❶[옵션 더보기] 탭에서는 라이선스와 카테고리, 추가 옵션을 수정하거나 추가할 수 있습니다. 수정이 끝나면 ❷[저장]을 클릭합니다. ❸왼쪽 상단의 [YouTube Studio] 로고를 클릭하여 대시보드로 이동합니다.

④ ❶[동영상]을 클릭하면 ❷동영상 목록이 표시됩니다. 한 개 또는 여러 개의 동영상을 선택하면 상단의 메뉴가 생성됩니다. 수정, 재생목록에 추가, 추가 작업 등을 할 수 있습니다.

07 썸네일 제작과 업로드

썸네일은 동영상의 표지로 '맞춤 미리보기 이미지'라고도 합니다. 시청자들에게
내 동영상의 내용이 무엇인지 알려주고 내 콘텐츠에 관심을 유도합니다. 썸네일
과 제목으로 동영상의 내용을 표현하고 시청자들에 기대감을 높일 수 있습니다.

➤➤ 썸네일 제작 방법에 대해 알아봅니다.
➤➤ 썸네일을 미리보기 맞춤 이미지에 업로드하는 방법에 대해 알아봅니다.

배울 내용 미리보기 ➕

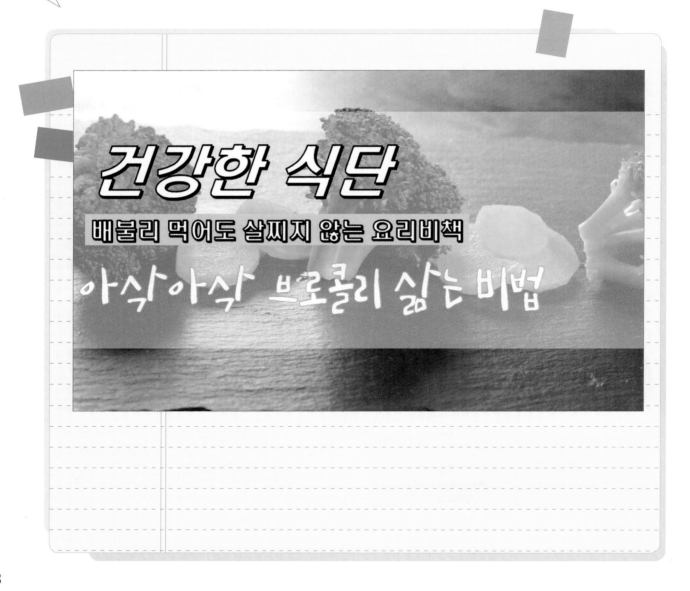

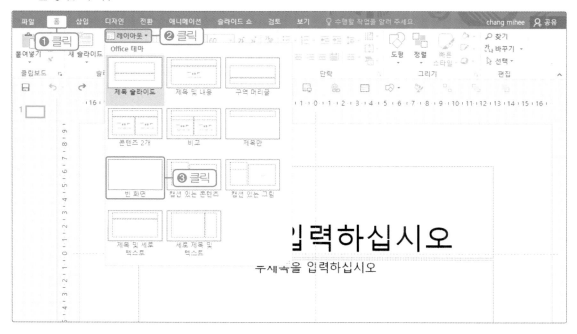

01 파워포인트로 썸네일 제작하기

1 파워포인트로 썸네일을 제작해 봅시다. 파워포인트는 이미지, 도형, 텍스트를 자유롭고 다양하게 편집할 수 있습니다. 파워포인트를 실행한 후, ❶[홈] 탭에서 ❷'슬라이드' 그룹의 [레이아웃]을 클릭한 후 ❸[빈 화면]을 선택합니다. 슬라이드 크기는 기본 크기인 '와이드스크린(16:9)'으로 설정합니다.

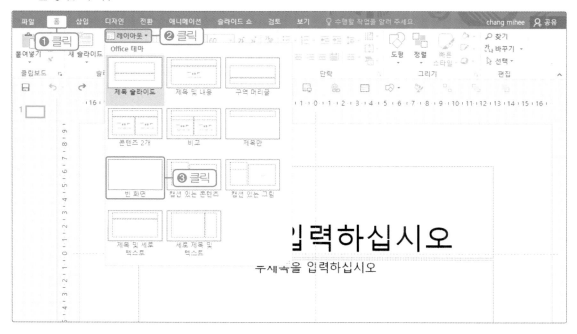

2 슬라이드 배경을 이미지로 채우기 위해 ❶[디자인] 탭 ❷'사용자 지정' 그룹의 [배경 서식]을 클릭합니다. ❸'채우기'의 '그림 또는 질감 채우기'를 선택한 후 ❹[파일]을 클릭합니다.

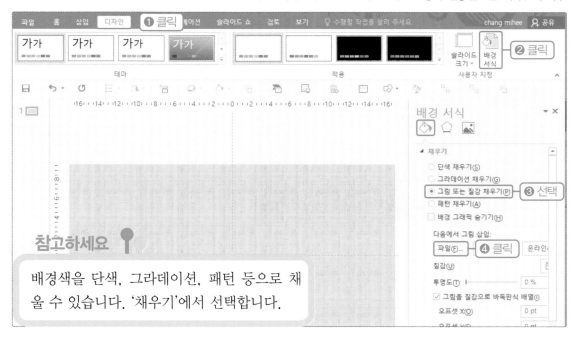

참고하세요

배경색을 단색, 그라데이션, 패턴 등으로 채울 수 있습니다. '채우기'에서 선택합니다.

③ '그림 삽입' 대화상자가 열리면 ❶'그림'을 선택한 후 ❷[삽입]을 클릭합니다.

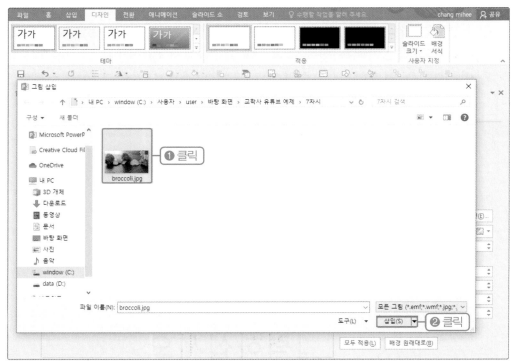

④ 배경에 텍스트를 넣을 공간을 꾸미기 위해 도형을 삽입합니다. ❶[홈] 탭의 ❷'그리기' 그룹의 '도형'에서 '자세히' 버튼을 클릭합니다. ❸'사각형'의 '직사각형'을 선택합니다. ❹슬라이드에 대각선으로 드래그하여 삽입합니다.

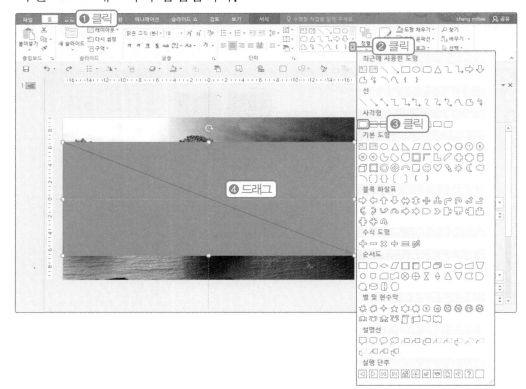

⑤ 도형을 편집하기 위해 ❶도형을 선택하고 ❷'도형 서식'의 '도형 옵션'에서 '채우기'의 ❸'단색 채우기'를 선택하고 ❹'색: 흰색, 배경 1', '투명도: 60%'를 설정합니다. '선'의 ❺'선 없음'을 선택합니다.

⑥ 텍스트를 삽입하기 위해 ❶[삽입] 탭의 ❷'텍스트' 그룹의 [WordArt]를 클릭한 후 임의의 워드아트를 선택합니다.

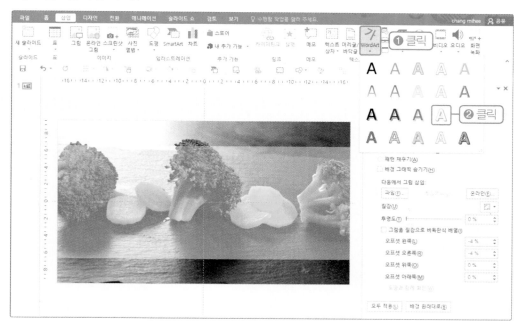

7 ①텍스트를 입력하고 텍스트 상자를 선택한 후 ②'도형 서식'의 [텍스트 옵션]을 클릭합니다. '텍스트 채우기'의 ③단색 채우기'를 선택하고, '색'을 '흰색, 배경 1'로 설정합니다. ④'텍스트 윤곽선'의 '실선'을 선택하고, '색'을 '검정, 텍스트 1'로 선택합니다. '도형 서식' 창을 닫습니다.

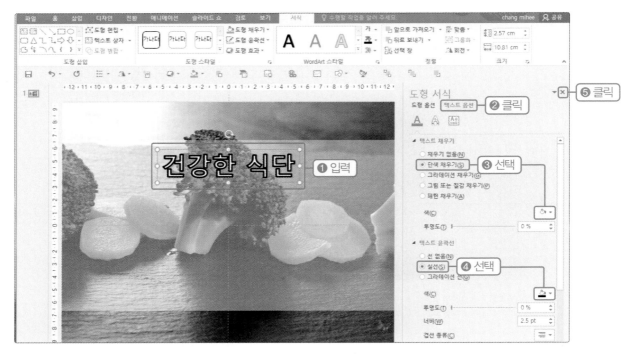

8 글꼴과 글자 크기, 서식을 적용하기 위해 다시 ①텍스트를 선택하고 ②[홈] 탭에서 ③글꼴과 글자 크기를 임의로 설정합니다. 글자 서식의 '기울임'을 클릭하여 적용합니다.

텍스트 상자를 선택한 후 Ctrl 키를 누르고 아래로 ❶드래그하여 복사합니다.

❶텍스트를 수정하고 ❷[홈] 탭의 ❸'글꼴' 그룹에서 '글자 크기'는 줄이고, '기울임' 속성은 해제
합니다. 텍스트 상자의 배경색을 채우기 위해 ❹[도형 채우기]를 클릭하고 ❺임의의 색을 선택
합니다.

11 텍스트를 추가하기 위해 ❶[삽입] 탭의 ❷'텍스트' 그룹에서 [WordArt]를 클릭합니다. ❸임의의 워드아트를 선택합니다.

12 ❶텍스트를 수정하고 ❷[홈] 탭의 ❸'글꼴' 그룹에서 글꼴과 글자 크기를 조절합니다.

텍스트 상자 또는 워드아트를 선택한 후 오른쪽 상단의 [그리기 도구] – [서식] 탭의 'WordArt 스타일' 그룹에서 다양하게 수정할 수 있습니다.

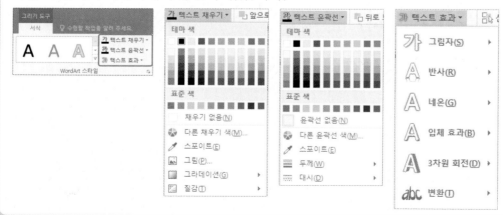

13 제작한 썸네일을 이미지로 저장합니다. ❶[파일] 탭을 클릭한 후 [내보내기]의 ❷[파일 형식 변경]을 클릭합니다. ❸'이미지 파일 형식'에서 [JPEG 파일 교환 형식(*.jpg)]을 선택한 후 ❹[다른 이름으로 저장]을 클릭합니다.

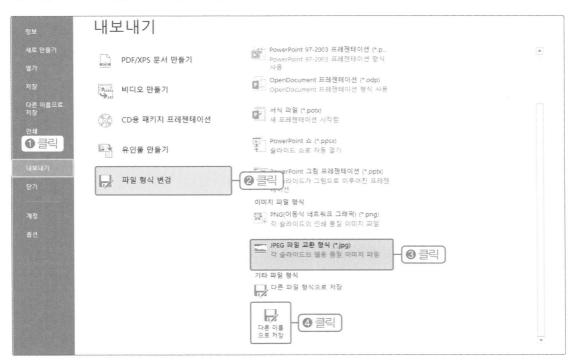

14 '다른 이름으로 저장' 대화상자에서 저장할 폴더를 선택하고 ❶파일 이름을 입력한 후 ❷[저장]을 클릭합니다. 내보낼 슬라이드로는 ❸[현재 슬라이드만]을 선택합니다.

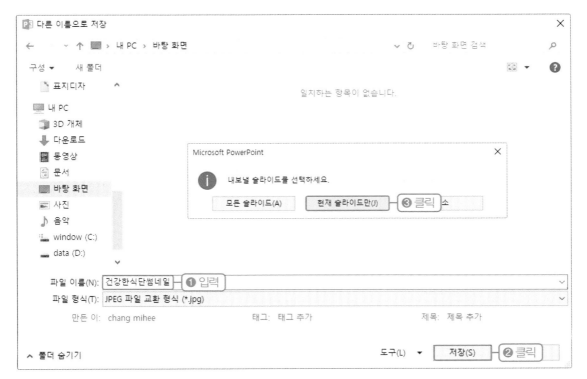

맞춤 미리보기 이미지(썸네일) 업로드

맞춤 미리보기 이미지를 적용하기 위해 유튜브 오른쪽 상단의 ❶'계정'을 클릭하고 ❷[YouTube 스튜디오]를 선택합니다. 'YouTube 스튜디오' 창으로 이동합니다.

❶[동영상]을 클릭하고 썸네일을 업로드할 동영상 위에 마우스를 올려놓은 후 ❷'세부정보(연필 모양 버튼)'를 클릭합니다. '세부정보'에서 제목, 설명, 미리보기 이미지, 시청자층, 태그, 카드, 최종 화면, 카테고리, 댓글 및 평가 등 수정할 수 있습니다.

③ ❶[세부정보]에서 ❷[기본] 탭의 ❸[미리보기 이미지 업로드]를 클릭합니다.

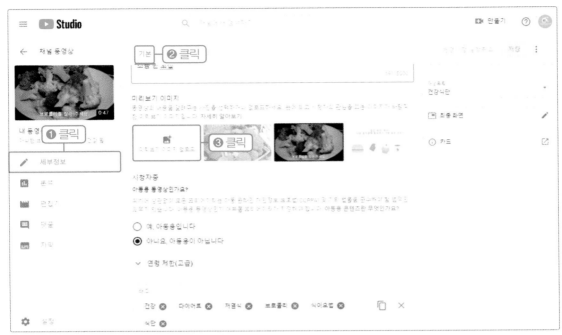

④ '열기' 대화상자가 열리면 ❶파워포인트에서 만든 이미지를 선택한 후 ❷[열기]를 클릭합니다.

참고하세요

'맞춤 미리보기 이미지'를 수정하거나 다운로드 할 수 있습니다. '맞춤 미리보기 이미지' 위에 마우스를 올려 놓으면 오른쪽 상단의 '옵션'에서 [변경] 또는 [다운로드]를 할 수 있습니다.

⑤ 업로드된 ❶'미리보기 이미지'를 확인한 후 ❷[저장]을 클릭합니다.

⑥ 변경된 내용의 저장 완료를 확인한 후 ❶'계정'을 클릭한 후 ❷[내 채널]로 이동하여 확인합니다.

참고하세요

웹 사이트에서 쉽게 썸네일 제작하기

■ Canva(https://www.canva.com/)에서 제작하기

1 https://www.canva.com/에 로그인한 후 'YouTube 썸네일'을 검색합니다.

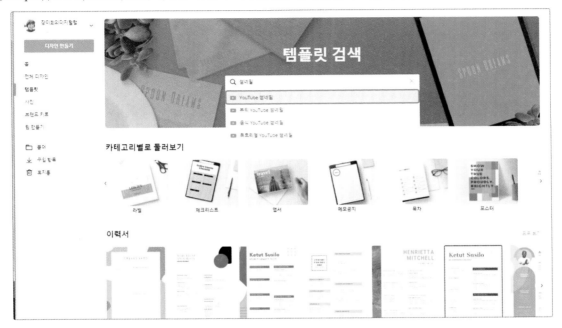

2 다양한 썸네일 템플릿을 선택하여 수정하여 사용 가능합니다. 활용법은 55~57쪽을 참고하세요.

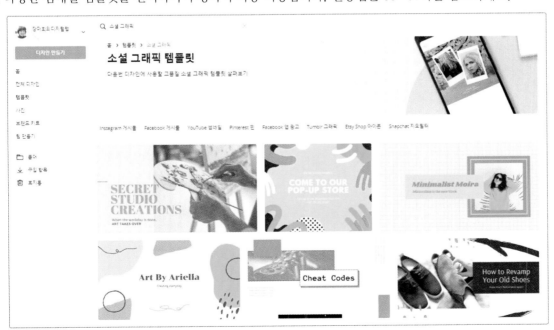

■ 미리캔버스 (https://www.miricanvas.com)에서 제작하기

① https://www.miricanvas.com에 회원가입 후 사용할 수 있습니다. 무료로 사용할 수 있으며 일부 콘텐츠는 유료입니다. ❶[템플릿]을 선택하고 ❷상단의 설정 목록에서 ❸'유튜브/팟빵'의 [썸네일(1280px × 720px)]를 클릭합니다.

② ❶템플릿을 선택하고 수정하여 ❷다운로드할 수 있습니다. 활용 방법은 'Canva'와 비슷하며 상황에 따라 알맞은 사이트에서 활용합니다.

무료 이미지 사이트

■ pixabay와 Pexels

'pixabay(https://pixabay.com/)'는 이미지, 일러스트, 벡터그래픽, 비디오 등 검색할 수 있으며 영문과 한글 검색이 가능합니다. 'Pexels(https://www.pexels.com/)'는 이미지와 비디오 검색이 가능하며 첫 화면 하단의 '한글'을 적용하면 한글 검색도 가능합니다.

 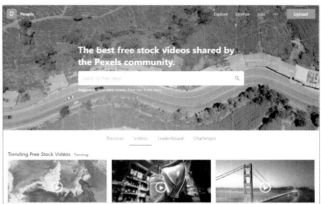

■ Moeguefile과 Foodiesfeed

'Morguefile(https://morguefile.com/)'은 고해상도의 사진을 제공하며, 'Foodiesfeed(https://www.foodiesfeed.com/)'는 음식 사진 등을 제공합니다.

 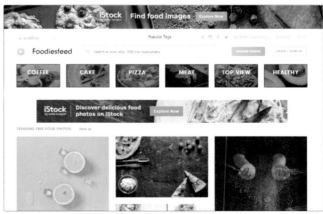

08 최종 화면과 카드 설정하기

동영상을 업로드하고 썸네일을 만들어 맞춤 미리보기 이미지까지 만들었다면 이제 구독자들이 동영상 끝에서 최종 화면과 카드를 만들어 다른 동영상을 시청할 수 있도록 시청 유도를 합니다.

➤➤ 최종 화면 설정 방법에 대해 알아봅니다.

➤➤ 카드 설정 방법에 대해 알아봅니다.

배울 내용 미리보기 ➕

#건강식단 #브로콜리 #저열식
아삭한 브로콜리 삶기 비

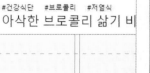

세상 쉬운 샐러드

01 최종 화면 설정하기

1 최종 화면 추가는 동영상의 마지막 5~20초 구간에 다른 동영상을 삽입하여 홍보할 수 있으며, 구독을 유도할 수 있는 기능입니다. ❶오른쪽 상단의 '계정'에서 ❷[YouTube 스튜디오]로 이동합니다. ❸왼쪽 메뉴에서 [동영상]을 선택하고 ❹최종 화면을 설정할 동영상 위에 마우스를 올려놓은 후, 표시된 메뉴에서 '세부 정보(연필 모양 버튼)'를 클릭합니다.

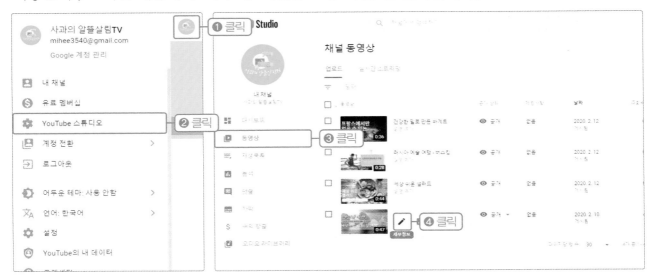

2 '동영상 세부정보' 창으로 이동됩니다. ❶[세부정보]의 [기본] 탭에서 오른쪽 메뉴의 ❷[최종 화면]을 클릭합니다.

③ '최종 화면' 창으로 이동되면 최종 화면 템플릿 목록이 표시됩니다. 템플릿은 미리 동영상, 재생 목록, 구독, 채널 등이 구성되어 있어 쉽게 삽입할 수 있습니다.

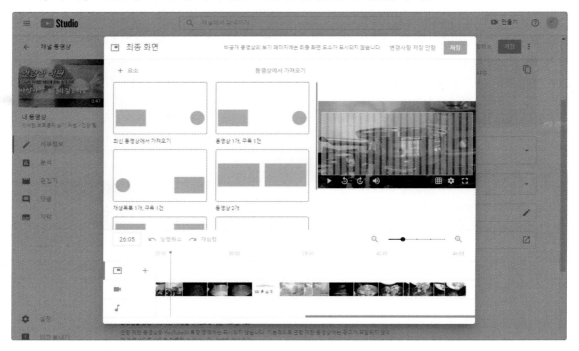

④ '최종 화면' 창에서 대화상자가 열리면 적용할 템플릿을 선택합니다. ❶'동영상 2개'를 클릭합니다.

최종 화면으로 동영상만 삽입하려면 '동영상에서 가져오기'를 클릭해 동영상을 직접 선택합니다.

5 템플릿에서 선택한 요소들이 표시됩니다. ❶'특정 동영상 선택'을 클릭합니다.

6 [동영상] 탭에서 최종 화면에 보여줄 ❶동영상을 선택합니다.

7 선택한 동영상 제목이 표시됩니다. 최종 화면은 클로즈 영역에 표시됩니다. 재생되는 동영상과 겹치지 않게 재생 시간을 조절합니다. ❶하단의 타임라인에서 요소를 드래그하여 시간을 조절합니다.

왼쪽 목록의 연필 모양 버튼의 '요소 편집'을 클릭하면 재생 동영상을 편집할 수 있습니다.

8 ❶'미리보기'를 클릭하여 재생해 봅니다. ❷타임라인에서 영상이 표시되는 시간을 조절합니다.

'최종 화면'은 업로드한 동영상과 내 재생목록을 홍보하고 채널을 구독하도록 유도할 수 있는 기능입니다.

❾ ❶요소들의 위치를 드래그하여 위치를 조절할 수 있습니다.

❿ ❶[저장]을 클릭하여 최종 화면을 완성합니다.

참고하세요!

맞춤 미리보기 이미지, 최종 동영상 및 카드 등은 동영상을 업로드할 때 삽입할 수 있습니다. 썸네일과 동영상이 준비되어 있다면 업로드할 때 1, 2단계에서 삽입하고 동영상을 업로드한 후, 수정하려면 'YouTube 스튜디오'의 '동영상'에서 수정하세요.

최종 화면 요소 추가와 삭제

① ❶왼쪽 상단의 [요소]를 클릭하여 ❷동영상, 재생목록, 구독, 채널 등의 요소를 추가할 수 있습니다.

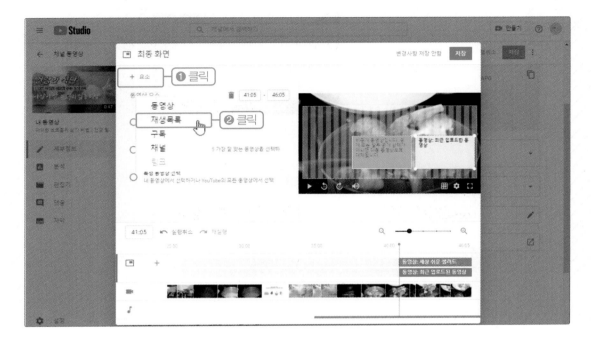

② 요소를 삭제할 때 미리보기 창에서 삭제할 요소를 선택하고 **Delete** 를 누르거나 목록에서 요소를 선택한 후, '휴지통'을 클릭하여 삭제할 수 있습니다. 최종 화면은 동영상 수정에서 언제든지 수정할 수 있습니다.

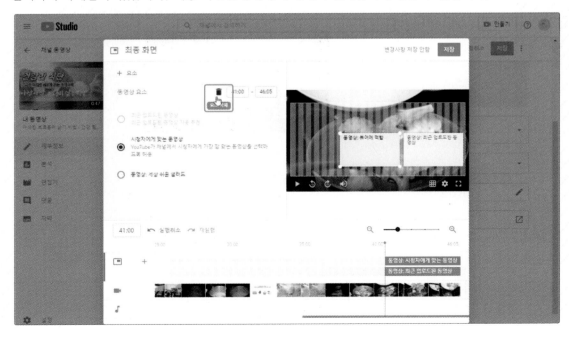

02 카드 설정하기

① '카드'를 사용하여 시청자들과 상호작용을 할 수 있습니다. 재생목록, 설문조사, 다른 채널 링크 등으로 연결할 수 있습니다. 카드는 재생 도중에 노출이 되며 재생되고 있는 동영상과 관련된 동영상 또는 채널로 이동할 수 있습니다. [YouTube 스튜디오]로 이동합니다. ❶왼쪽 메뉴에서 [동영상]을 선택하고 ❷'카드'를 설정할 동영상 위에 마우스를 올린 후, 표시된 메뉴에서 '세부 정보(연필 모양 버튼)'를 클릭합니다.

② [세부정보]의 ❶[기본] 탭에서 ❷[카드]를 클릭합니다.

③ ❶[카드 추가]의 ❷'동영상 또는 재생목록'의 [만들기]를 클릭합니다.

④ '동영상 또는 재생목록' 창에서 ❶[올린 동영상] 탭의 ❷동영상을 선택한 후 ❸'맞춤 메시지'를 입력하고 ❹[카드 만들기]를 클릭합니다.

참고하세요 🍈

동영상 1개당 최대 5개의 카드를 추가할 수 있습니다.

⑤ 추천하고자 하는 채널을 삽입하기 위해 ❶[카드 추가]에서 ❷'채널'의 [만들기]를 클릭합니다.

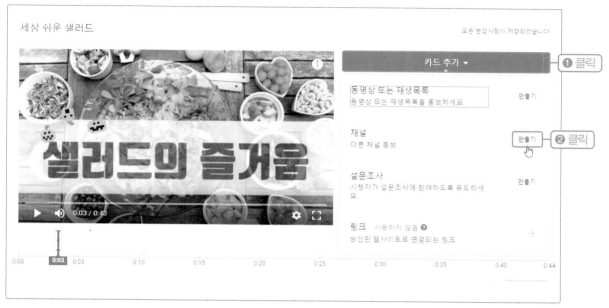

⑥ ❶'채널' 창에서 '채널 사용자 이름 또는 URL', '맞춤 메시지', '티저 텍스트' 등을 입력한 후 ❷[카드 만들기]를 클릭합니다.

참고하세요

- 맞춤 메시지: 재생목록에 표시되는 메시지
- 티저 텍스트: 동영상 오른쪽 상단에 ①로 표시되는 메시지

7 동영상을 재생한 후 타임라인의 타임바 위에 마우스를 올려놓으면 추가한 카드의 재생 동영상의 제목이 표시됩니다. ❶재생 시간을 드래그하여 조절합니다.

8 오른쪽 상단의 ⓘ를 클릭하면 재생 동영상 목록과 추가한 채널이 표시됩니다. 추가된 채널도 재생 시간을 조절합니다.

1 제작한 동영상을 업로드하고 최종 화면을 추가해 보세요.

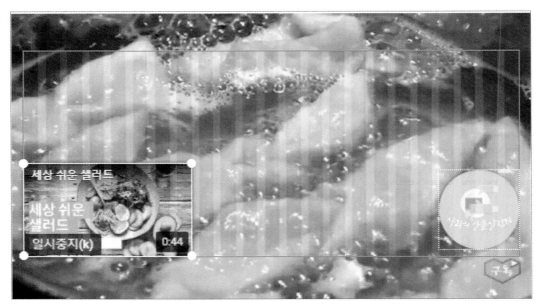

2 제작한 동영상을 업로드하고 카드를 추가해 보세요.

재생목록 관리하기

재생목록은 관련 있는 동영상들의 모음으로 시청자들이 재생목록 안의 영상들을 이어 볼 수 있습니다. 이러한 재생목록의 제목과 설명을 수정하고 재생목록의 동영상들을 추가나 삭제하는 방법은 의외로 간단합니다.

➡➡ 재생목록을 추가하는 방법에 대해 알아봅니다.
➡➡ 재생목록의 제목과 설명을 수정하는 방법에 대해 알아봅니다.
➡➡ 재생목록의 편집하는 방법에 대해 알아봅니다.

배울 내용 미리보기 ➕

01 재생목록 추가하기

유튜브 '재생목록'에 대해 살펴봅니다. 재생 목록에는 관련 있는 영상들이 하나의 목록에 추가되어 있습니다. 재생목록으로 동영상을 관리하면 시청자가 재생목록을 시청할 때, 다음 영상이 자동으로 재생되어 재생목록 내의 모든 동영상을 시청할 수 있습니다. 또한 재생목록 자체가 검색됩니다. 단일 영상이 노출되는 것보다 재생목록으로 노출되었을 때 구독과 시청률이 높습니다. 물론, 기존의 재생목록을 수정할 수도 있습니다.

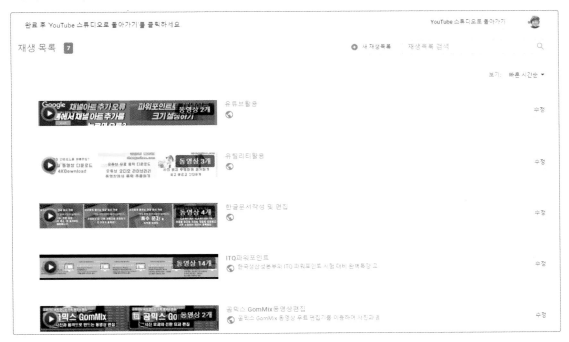

재생목록을 편집하기 위해 ❶'계정'의 ❷[YouTube 스튜디오]를 클릭합니다. 'YouTube 스튜디오' 창으로 이동되면 ❸[재생목록]을 클릭합니다.

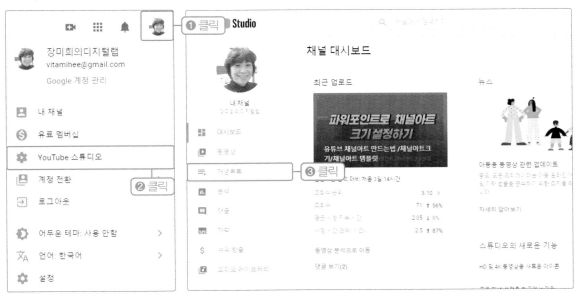

③ '재생목록' 창으로 이동되었습니다. 다른 재생목록을 추가하기 위해 ①[새 재생목록]을 클릭합니다.

참고하세요

이미 있는 '재생목록'을 수정하려면 오른쪽의 [수정]을 클릭합니다.

④ ①'재생목록 제목'을 입력하고 ②공개 범위를 선택한 후 ③[만들기]를 클릭합니다.

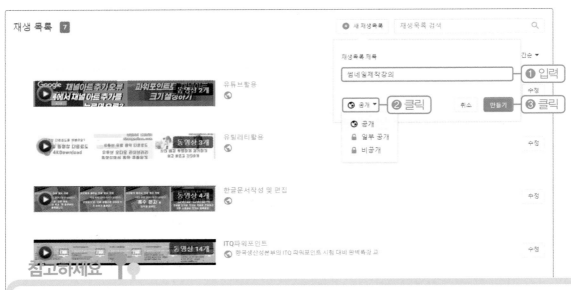

참고하세요

재생목록에는 내가 업로드한 동영상들을 저장하고 관리할 수 있을 뿐만 아니라, 유튜브에 있는 다른 동영상들을 '나중에 볼 동영상', '즐겨찾기' 또는 내 재생목록에 저장할 수 있습니다.

재생목록 편집하기

①
[내 채널]에서 ❶내 재생목록을 클릭하면 오른쪽의 재생목록에 있는 동영상들이 표시됩니다. ❷'제목 수정(연필 모양 버튼)'을 클릭하면 재생목록의 제목을 수정할 수 있습니다. ❸'설명 수정 (연필 모양 버튼)'을 클릭하면 재생목록의 설명을 추가하거나 수정할 수 있습니다.

②
설명을 수정하고 ❶[저장]을 클릭하여 완성합니다. 제목, 설명, 태그 등은 검색과 노출에 포함 됩니다. 자세한 내용은 〈5강 채널 정보 수정과 동영상 업로드〉를 참고하세요.

참고하세요

재생목록의 설명을 통해 시청자들에게 동영상에 대한 이해를 도와줄 수 있습니다.

③ 재생목록에 동영상을 추가할 수 있습니다. 이미 업로드된 동영상을 재생목록에 추가할 수 있습니다. '계정'의 [YouTube 스튜디오]에서 ❶[동영상]을 클릭한 후, ❷재생목록에 추가할 동영상을 선택합니다. ❸상단 메뉴의 [재생목록에 추가]를 클릭하면 재생목록이 표시됩니다. ❹재생목록을 선택합니다. 재생목록을 중복으로 선택하여 추가할 수도 있습니다. ❺[저장]을 클릭합니다.

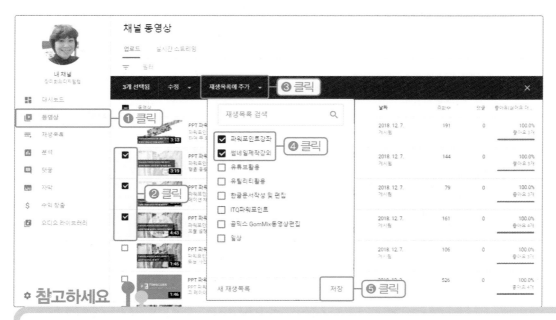

✿ 참고하세요

'동영상' 목록에서 여러 동영상을 이동, 복사, 삭제할 수 있습니다.

④ 동영상이 두 재생목록에 포함되어 있습니다. 여러 재생목록에 있는 동영상들을 새 재생목록을 만들어 관련있는 영상들을 묶어 관리할 수도 있습니다.

5 재생목록을 삭제할 수 있습니다. 재생목록을 삭제하려면 [YouTube 스튜디오]에서 [재생목록]을 선택한 후, ❶[수정]을 클릭합니다.

6 ❶'추가 메뉴'를 클릭한 후 ❷[재생목록 삭제]를 클릭합니다. ❸[삭제]를 클릭하여 완전히 삭제할 수 있습니다.

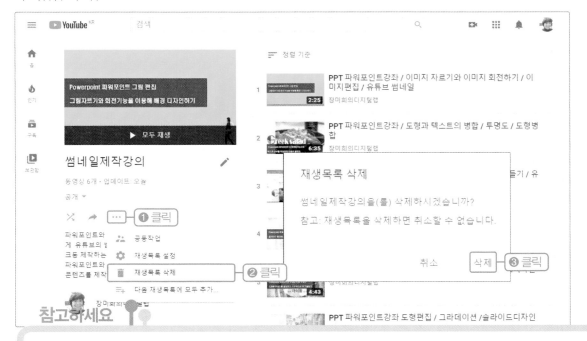

참고하세요

'동영상 수정'에서도 재생목록 변경이 가능합니다. 삭제된 동영상이나 재생목록은 되돌릴 수 없습니다. 삭제할 때는 신중하게 생각하고 삭제하시길 바랍니다.

재생목록 순서를 변경하려면?

'재생목록' 창으로 이동한 후 순서를 변경할 재생목록의 ❶[수정]을 클릭합니다. ❷재생목록에 있는 동영상을 드래그하여 이동합니다.

재생목록 자동으로 설정하기

1 ❶'추가 메뉴'에서 [재생목록 설정]을 선택한 후 ❷[고급 설정]을 클릭합니다.

2 ❶[자동추가] 탭을 선택합니다. ❷[규칙 추가]를 클릭하고 ❸'제목에 이 단어 포함'에 키워드를 입력합니다.

3 동영상을 업로드하면 키워드를 포함한 동영상은 설정한 재생목록으로 추가됩니다.

"혼자 풀어 보세요"

1 내 채널에 재생목록을 추가하고 설명을 추가하세요.

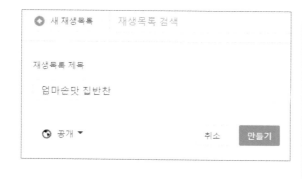

2 내 채널에 업로드된 동영상을 2개 이상의 재생목록에 추가하세요.

시청자들과 댓글을 주고 받을 수 있습니다. 댓글이 달리면 답글을 남겨 상호소통이 가능해야 합니다. 동영상의 자막을 자동으로 표시할 수 있으며, 다른 언어를 추가하여 표시할 수도 있습니다.

➤➤ 댓글 관리하는 방법에 대해 알아봅니다.
➤➤ 자막 관리하는 방법에 대해 알아봅니다.

배울 내용 미리보기 ✚

01 댓글 관리하기

1 시청자들이 동영상에 남기는 댓글을 관리할 수 있습니다. 'YouTube 스튜디오' 창에서 ❶[댓글]을 클릭합니다. ❷[공개]탭의 '내가 응답하지 않은 댓글'에서 ❸[답글]을 클릭한 후, 답글을 입력합니다. ❹[답글]을 클릭하여 완성합니다.

참고하세요

- 검토대기중: 금지어 등이 입력된 댓글
- 스팸일 수 있는 댓글: 반복적인 댓글을 달아 스팸으로 분류한 댓글 목록

2 ❶'작업 메뉴'를 클릭하여 '답글'을 수정하거나 삭제할 수 있습니다.

③ '옵션' 버튼을 이용하여 '삭제', '신고', '채널에서 사용자 숨기기' 등을 할 수 있습니다.

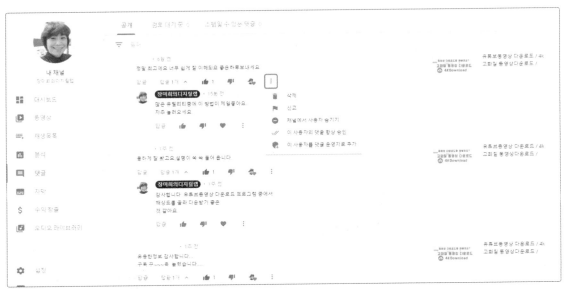

④ 유튜브 동영상에서도 댓글을 확인할 수 있습니다. 해당 동영상에 대한 모든 댓글을 확인할 수 있으며, 답글을 남길 수 있고, '옵션' 버튼을 이용해 댓글을 '고정', '삭제', '신고', '채널에서 사용자 숨기기' 등을 할 수 있습니다.

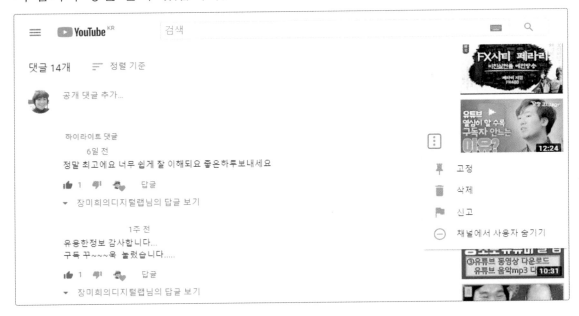

02 자막 관리하기

1 자막을 관리할 수 있습니다. 유튜브에서 동영상을 시청할 때 '자막' 버튼을 누르면 표시되는 자막을 생성하고 수정할 수 있습니다. 자동으로 게시된 자막을 수정하기 위해 ❶[자막]을 클릭한 후 ❷자막을 수정할 동영상을 선택합니다.

2 선택된 동영상의 '자막'의 ❶'옵션' 버튼을 클릭하여 ❷[이전 버전 스튜디오에서 수정]을 클릭합니다.

③ '게시된 자막 확인: 한국어 자막' 창에서 자동으로 게시된 자막을 수정하려면 ❶[수정]을 클릭합니다.

④ 영상 속의 나레이션과 시간에 맞춰 자동으로 자막이 생성되어 있습니다. 오타가 있거나 잘못 발음된 부분을 수정합니다. ❶자막을 추가로 삽입하려면 자막을 입력하고 '+'를 클릭합니다.

5 ①'타임라인'에서 자막 재생 시간을 드래그하여 조절할 수 있습니다. 수정을 모두 마치면 ②[수정사항 게시]을 클릭합니다.

6 기존 자막을 수정하는 것이므로 '기존 자막에 덮어쓰시겠습니까?' 메시지에 [게시]를 클릭합니다.

7 ①'자막' 버튼을 클릭하여 자막을 표시하고 ②'재생' 버튼을 눌러 재생해 봅니다. ③[YouTube 스튜디오로 돌아가기]를 클릭합니다.

11 채널 고급 관리하기

동영상을 업로드할 때 설명란에 반복되는 내용과 태그 등은 업로드 기본 설정으로 고정할 수 있습니다. 구독을 유도하는 워터마크를 삽입할 수 있습니다.

➤➤ 채널의 기본 키워드와 워터마크 삽입 방법에 대해 알아봅니다.
➤➤ 업로드 기본 설정 방법에 대해 알아봅니다.
➤➤ 커뮤니티 관리 설정 방법에 대해 알아봅니다.

배울 내용 미리보기 +

01 고급 설정 관리하기

1 '계정'에서 [YouTube 스튜디오]로 이동합니다. ❶[설정]을 클릭합니다.

2 통화 단위를 선택할 수 있습니다. '설정'의 ❶[일반]에서 ❷'기본 단위'를 변경할 수 있습니다. 애드센스 계정은 변경되지 않습니다.

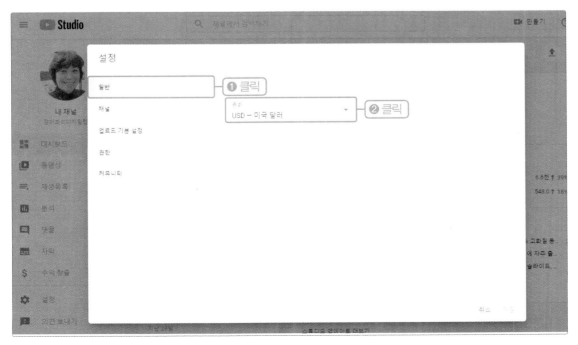

③ ❶[채널]에서는 기본 정보, 고급 설정, 브랜딩을 설정할 수 있습니다. ❷[기본 정보] 탭에서는 채널 이름, 키워드, 국가 등을 설정합니다. 키워드는 쉼표를 이용해 여러 개를 입력할 수 있습니다. ❸[고급 설정] 탭에서는 내 채널이 아동용인지 시청자층을 설정할 수 있으며 'Google Ads 계정 연결'을 하여 수익이 창출되었을 때 사용되는 입금 정보를 입력할 수 있습니다.

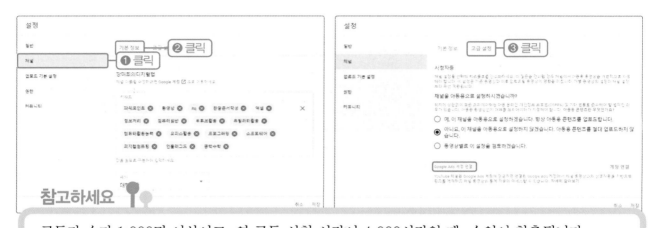

참고하세요

구독자 수가 1,000명 이상이고, 연 구독 시청 시간이 4,000시간일 때, 수익이 창출됩니다.

④ ❶[브랜딩] 탭에서는 워터마크를 삽입하여 구독을 유도할 수 있습니다.

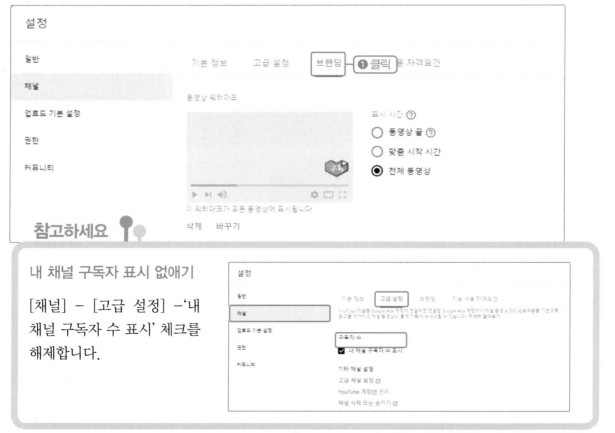

참고하세요

내 채널 구독자 표시 없애기

[채널] – [고급 설정] – '내 채널 구독자 수 표시' 체크를 해제합니다.

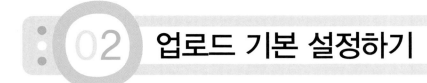

업로드 기본 설정하기

1 'YouTube 스튜디오' 창에서 [설정]을 클릭합니다. ❶[업로드 기본 설정]의 [기본 정보] 탭에서 ❷제목, 설명 등을 입력합니다. 모든 동영상의 설명란에 공통으로 들어가는 문구를 자동으로 삽입되므로 미리 입력해 둡니다.

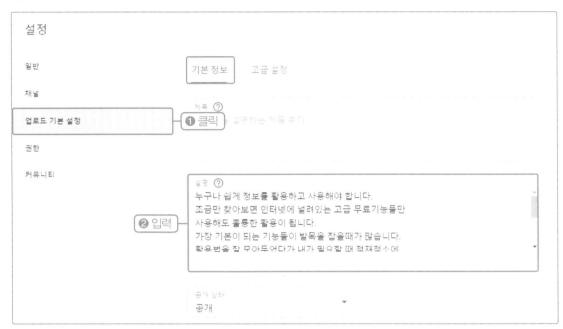

2 처음 업로드 될 때 공개 상태를 미리 정해둘 수 있습니다. 태그는 쉼표로 구분하여 입력합니다.

03 워터마크 브랜드 제작과 설정

1 재생되는 동영상에 채널 인지도와 구독률을 높이기 위해 워터마크를 추가할 수 있습니다. 파워 포인트에서 ❶[디자인] 탭 – '사용자 지정' 그룹의 ❷[슬라이드 크기]를 클릭한 후, ❸[사용자 지정 슬라이드 크기]를 선택합니다. ❹'사용자 지정'을 선택하고 너비와 높이를 3.96cm으로 수정한 후 ❺[확인]을 클릭합니다. 그 다음 [맞춤 확인]을 클릭합니다.

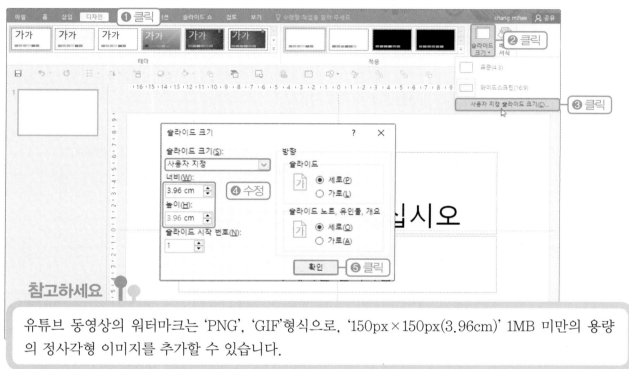

참고하세요

유튜브 동영상의 워터마크는 'PNG', 'GIF'형식으로, '150px×150px(3.96cm)' 1MB 미만의 용량의 정사각형 이미지를 추가할 수 있습니다.

2 빈 슬라이드로 변경하기 위해 ❶[홈] 탭의 ❷'슬라이드' 그룹의 [레이아웃]에서 ❸[빈 화면]을 선택합니다.

③ 슬라이드의 배경색을 설정하기 위해 **①**[디자인] 탭의 '사용자 지정' 그룹에서 **②**[배경 서식]을 클릭합니다. **③**'단색 채우기'를 선택하고, **④**'색'에서 임의의 색을 설정합니다.

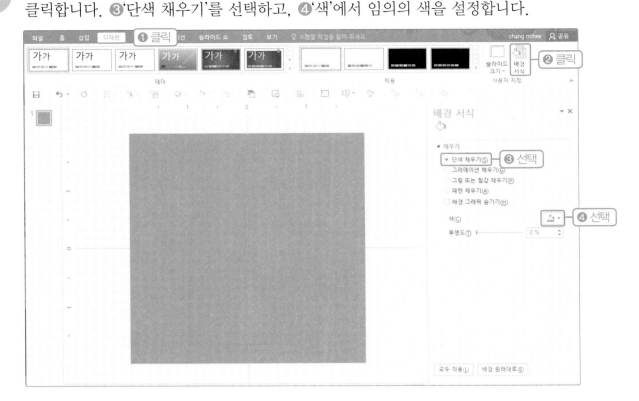

④ 그림을 삽입하기 위해 **①**[삽입] 탭의 **②**'이미지' 그룹의 [그림]에서 이미지를 추가하고 크기를 조절합니다.

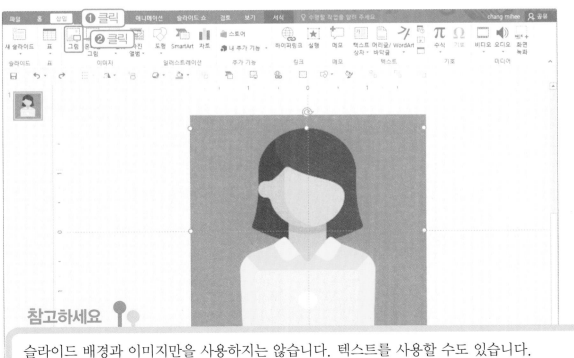

참고하세요

슬라이드 배경과 이미지만을 사용하지는 않습니다. 텍스트를 사용할 수도 있습니다.

⑤ 그림 파일로 저장하기 위해 [파일] 탭의 ❶[내보내기]를 클릭합니다. ❷[파일 형식 변경]을 클릭한 후 ❸'JPEG 파일 교환 방식(*.jpg)'을 선택한 후 ❹[다른 이름으로 저장]을 클릭합니다.

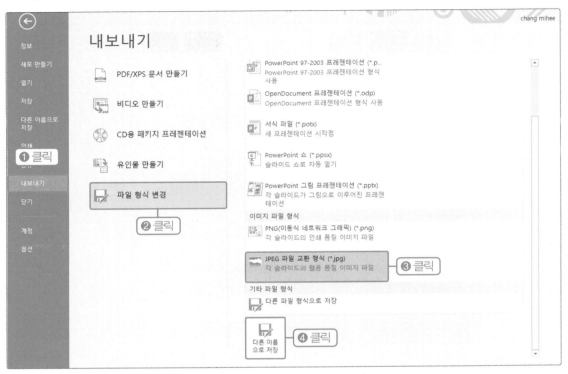

⑥ ❶'다른 이름으로 저장' 대화상자에서 저장될 폴더와 저장 파일 이름을 입력한 후 ❷[저장]을 클릭합니다. ❸내보낼 슬라이드로 [현재 슬라이드만]을 선택합니다.

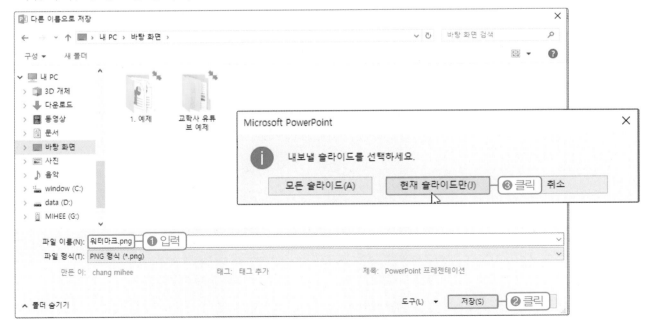

⑦ 저장된 워터마크를 삽입하기 위해 '계정'에서 'YouTube 스튜디오' 창으로 이동한 후 [설정]을 클릭합니다. ❶[채널]의 ❷[브랜딩] 탭에서 ❸[이미지 선택]을 클릭합니다.

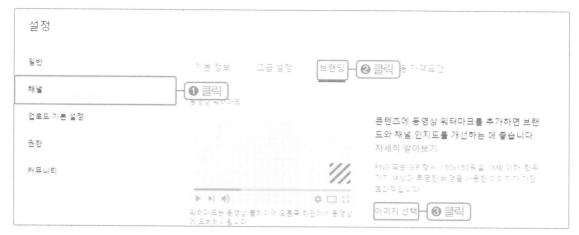

⑧ ❶이미지를 선택하고 ❷[열기]를 클릭합니다.

⑨ ❶동영상 워터마크가 표시되는 시간을 선택하고 저장합니다. 동영상의 오른쪽 하단에 워터마크가 생성되며 워터마크 위에 마우스를 올려놓으면 [구독] 버튼이 표시됩니다.

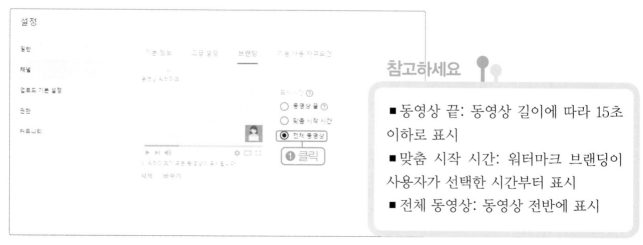

참고하세요

■동영상 끝: 동영상 길이에 따라 15초 이하로 표시
■맞춤 시작 시간: 워터마크 브랜딩이 사용자가 선택한 시간부터 표시
■전체 동영상: 동영상 전반에 표시

12 채널 레이아웃 맞춤설정

채널 레이아웃을 맞춤설정하여 내 채널에 방문했을 때 보여주고 싶은 재생목록들을 표시하고 채널 예고편과 재방문자를 위한 영상 등을 추천할 수 있으며 섹션별로 정리하여 채널 피드를 높일 수 있습니다.

➡➡ 채널 레이아웃 맞춤설정 방법에 대해 알아봅니다.
➡➡ 섹션을 추가하는 방법에 대해 알아봅니다.
➡➡ 채널 예고편을 추가하는 방법에 대해 알아봅니다.

배울 내용 미리보기 +

01 채널 레이아웃 맞춤설정하기

1 '계정'에서 [내 채널]로 이동하면 [홈]이 표시됩니다. [홈]은 시청자들이 방문했을 때 처음 마주하는 공간입니다. 재생목록이 구분이 잘 되어있다면 쉽게 영상을 확인할 수 있으며 기존 구독자 또는 신규 방문자에게 보여줄 영상을 업로드하여 영상을 시청할 수 있도록 해야 합니다.

2 '내 채널'로 이동한 후, 영상 맞춤설정을 하기 위해 **❶**[채널 맞춤설정]을 클릭합니다.

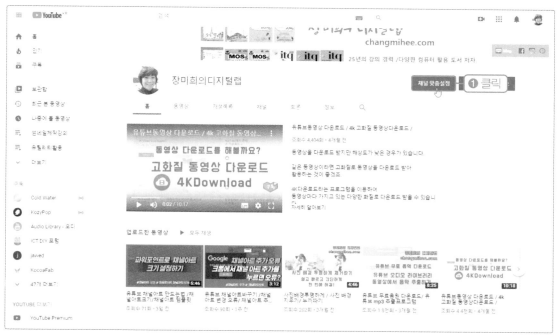

③ '채널 맞춤설정' 창으로 이동되면 채널 레이아웃 맞춤설정을 하기 위해 ❶'설정' 버튼을 클릭합니다.

④ '채널 설정' 창에서 ❶'채널 레이아웃 맞춤설정'을 활성화 한 후 ❷[저장]을 클릭합니다.

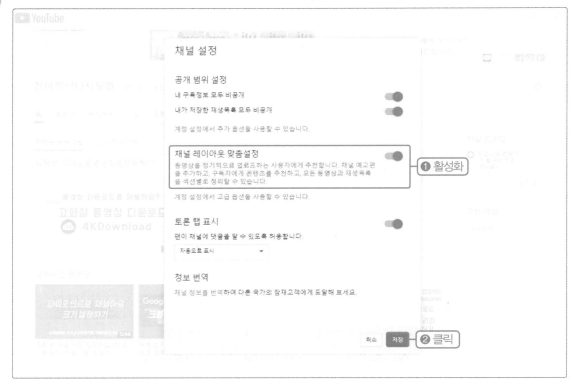

02 섹션 추가하기

채널 섹션을 사용하여 강조하고 싶은 콘텐츠를 구성할 수 있으며, 재생목록을 그룹화할 수 있습니다. [홈]에 시청자에게 보여줄 섹션을 추가하겠습니다. '계정'에서 [내 채널]로 이동한 후, [홈]에서 ❶[채널 맞춤설정]을 클릭합니다.

> 동영상이 여러 개 있거나 재생목록이 있어야 가능합니다. 동영상이 없다면 먼저 동영상을 업로드합니다.

화면 하단의 ❶[섹션 추가]를 클릭합니다.

> 다른 유튜버들의 채널을 둘러보고 어떤 섹션들을 추가했을 때 반응이 좋은지 조사해 봅시다.

③ ❶'콘텐츠 선택' 목록 버튼을 누르고 ❷[인기 업로드]를 선택합니다. '레이아웃'을 ❸[가로 행]으로 선택한 후 ❹[완료]를 클릭합니다.

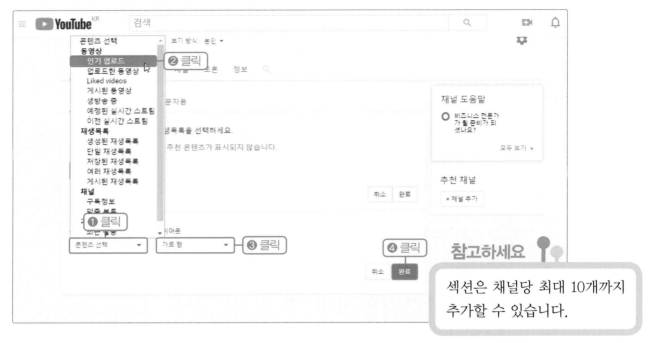

참고하세요

섹션은 채널당 최대 10개까지 추가할 수 있습니다.

④ ❶'인기 업로드' 섹션이 추가되었습니다. ❷다른 섹션을 추가하려면 다시 [섹션 추가]를 클릭합니다.

5 ❶'콘텐츠' 목록 버튼을 누르고 [업로드한 동영상]을 선택합니다. '레이아웃'을 [가로 행]으로 선택한 후 ❷'미리보기'를 확인합니다. ❸[완료]를 클릭합니다.

6 단일 재생목록을 추가해 보겠습니다. ❶[섹션 추가]를 클릭합니다.

⑦ ❶'콘텐츠'에서 [단일 재생목록]을 선택하고 '레이아웃'은 ❷[가로 행]으로 선택합니다.

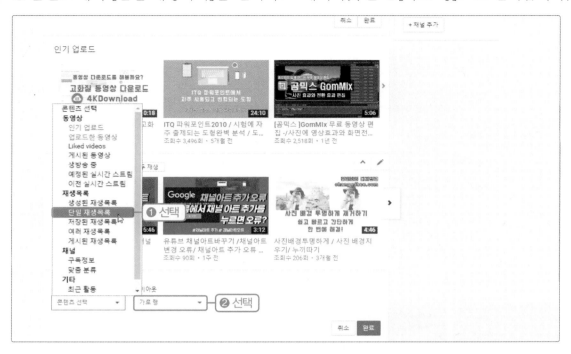

⑧ '재생목록 선택' 항목이 활성화되면 ❶'재생목록 선택'을 클릭하고 ❷'재생목록 찾기'를 클릭하여
❸재생목록 중 하나를 선택합니다. ❹[완료]를 클릭합니다.

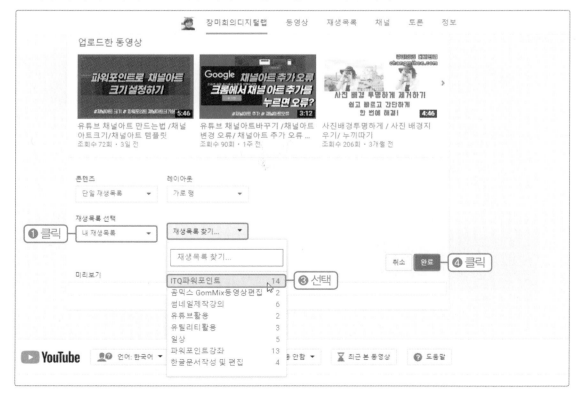

⑨ 관련있는 재생목록을 하나의 섹션으로 추가할 수 있습니다. [섹션 추가]를 클릭한 후 ❶'콘텐츠'
에서 [여러 재생목록]과 '레이아웃'은 [가로 행]을 선택합니다.

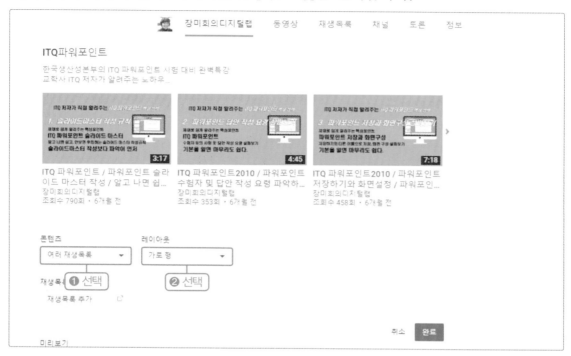

⑩ '섹션에 재생목록 추가' 창에서 ❶여러 재생목록을 대표할 '섹션 제목'을 입력합니다. ❷'재생목
록 찾기'를 클릭한 후 ❸재생목록 중 하나를 선택합니다.

⑪ ❶'재생목록 찾기'에서 섹션에 포함할 재생목록을 선택한 후 ❷[완료]를 클릭합니다.

⑫ ❶'미리보기'에서 추가된 섹션을 살펴본 후 ❷[완료]를 클릭하여 섹션 추가를 완성합니다.

⑬ 홈 화면에 섹션을 추가하여 방문자들에게 콘텐츠를 둘러보고 시청할 수 있도록 하였습니다.

참고하세요

콘텐츠 선택 항목 알아보기

시청자들에게 반드시 보여주고 싶은 재생목록이나 최근 업로드 영상들을 배치하여 신뢰도를 높이고 흥미를 유발할 수 있습니다.

- **■ 동영상 섹션**
  - 인기 업로드: 내 채널에서 조회수가 가장 많은 순서대로 표시하여 지속적인 노출을 유도합니다.
  - 업로드한 동영상: 최근에 업로드한 동영상을 표시하여 재방문자 또는 신규 방문자들에게 노출하여 조회수를 올리거나 크리에이터의 꾸준한 활동을 보여줍니다.
  - 생방송 중 / 예정된 실시간 스트림 / 이전 실시간 스트림: 생방송 또는 실시간 이벤트 기능을 사용할 경우 표시됩니다.
- **■ 재생목록 섹션**
  - 생성된 재생목록: 채널에서 만든 모든 재생목록을 섹션에 표시합니다.
  - 단일 재생목록: 내 채널 또는 다른 채널에서 만든 재생목록을 표시합니다. '모두 재생' 버튼이 표시되어 방문자가 한 번 클릭으로 재생목록에 있는 모든 영상을 시청할 수 있습니다.
  - 저장된 재생목록: 공개한 재생목록이 표시합니다.
  - 여러 재생목록: 재생목록을 하나의 그룹으로 표시합니다.
  - 게시된 재생목록: 게시한 재생목록이 표시됩니다.
- **■ 채널 섹션**
  - 구독정보: 구독하고 있는 채널을 공개한 경우 표시됩니다.
  - 맞춤 분류: 내 채널에서 다른 채널을 추천할 때 사용하거나 내 채널을 여러 개 운영할 때 자신의 채널 홍보용으로 사용합니다.
- **■ 기타 섹션**
  - 최근 활동: 업로드, 좋아요와 관련 영상이나 재생목록을 표시합니다.
  - 최근 동영상: 최근에 업로드한 동영상을 표시합니다.

레이아웃 알아보기

재생목록을 가로 또는 세로 행으로 표시합니다.

03 재방문과 신규 방문자용 재생목록 추가하기

① 재방문 구독자에게 새로운 동영상을 표시하여 지속적인 방문을 유도합니다. ❶[홈]의 ❷[재방문 구독자용] 탭에서 ❸[콘텐츠 추천]을 클릭합니다.

② '동영상 또는 재생목록 추천' 창에서 [올린 동영상] 또는 [재생목록] 탭에서 ❶동영상을 선택하고 ❷[저장]을 클릭합니다.

③ 시청자들에게 표시할 ❶'제목'을 입력하고 ❷[저장]을 클릭합니다.

④ 미리보기에서 ❶'제목'과 '동영상'을 확인하고 ❷[완료]를 클릭합니다.

⑤ '재방문 구독자용' 목록이 완성되었습니다.

⑥ 신규 방문자용으로 '채널 예고편'을 추가하겠습니다. ❶[신규 방문자용] 탭에서 ❷[채널 예고편]을 클릭합니다..

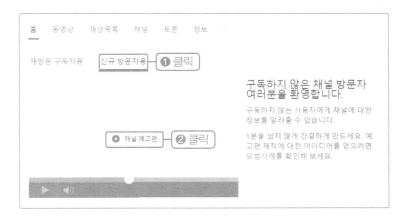

참고하세요 🍒

'예고편'은 새로운 채널 방문자에게 표시되는 첫 번째 동영상입니다. 채널에 대해 설명하면서 방문자의 구독을 유도할 수 있는 짧은 동영상을 선택하세요.

7 '채널 예고편 선택' 창에서 ❶[올린 동영상]의 ❷동영상을 선택한 후 ❸[저장]을 클릭합니다.

8 '신규 방문자용' 예고편이 업로드되어 완성되었습니다.

재방문 구독자용과 신규 방문자용 콘텐츠를 수정하려면?

'내 채널'에서 '채널 맞춤설정' 창으로 이동한 후 [홈] 탭에서 '재방문 구독자용'은 오른쪽 상단의 연필 모양 버튼을 눌러 수정할 수 있으며, 옵션 버튼을 눌러 [삭제]할 수 있습니다. '신규 방문자용'은 오른쪽 상단의 연필 모양 버튼을 눌러 [예고편 변경]과 [예고편 삭제]를 할 수 있습니다.

"혼자 풀어 보세요"

1 신규 방문자를 위한 채널 예고편을 수정해 보세요.

2 내 채널에서 '여러 재생목록'의 섹션을 추가해 보세요.

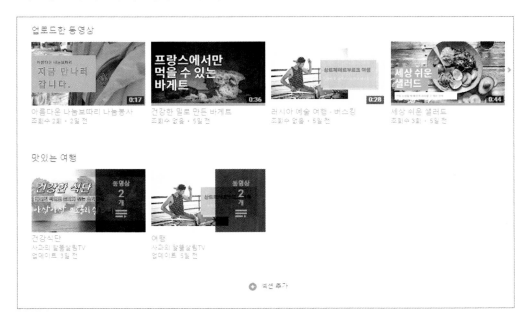

13 채널 분석 살펴보기

채널 분석은 채널의 성장에 반드시 필요합니다. 시청자가 필요로 하는 동영상을 제작하고, 구독자와 시청 시간을 늘리는데 중요한 요소입니다. 분석을 통해 재방문을 유도하고 채널에 머무르는 시간을 늘리는 등 채널을 성장시킬 수 있습니다.

➤➤ 채널 분석 방법에 대해 알아봅니다.
➤➤ 도달 범위와 참여도 확인하는 방법에 대해 알아봅니다.
➤➤ 세부 채널 분석 방법에 대해 알아봅니다.

배울 내용 미리보기 +

01 채널 분석 이해하기

① '계정'에서 [YouTube 스튜디오]를 클릭합니다. ❶[분석]을 클릭하면 '채널 분석' 창으로 이동합니다. ❷[개요] 탭에서는 7일 동안의 전체적인 흐름을 보여줍니다.

② 분석 기간을 변경하여 데이터를 보고싶다면 [개요] 탭에서 오른쪽 상단의 ❶'날짜' 목록을 클릭하여 ❷원하는 날짜로 변경할 수 있습니다. [지난 28일]로 변경해 봅니다.

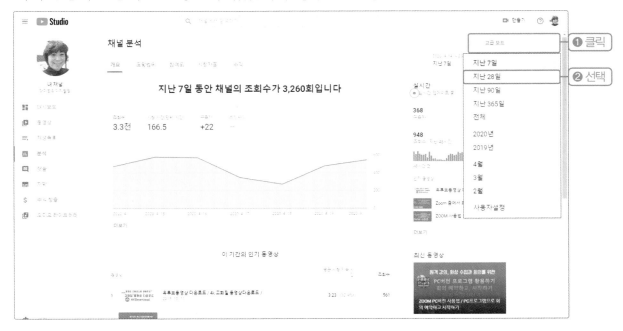

③ 설정한 날짜에 맞춰 분석 데이터가 변경됩니다. [개요] 탭에서는 채널의 전체 조회수와 시청 시간, 구독자의 증감률, 수익 등을 볼 수 있습니다.

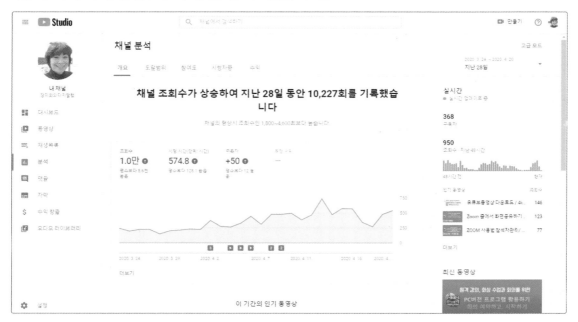

④ 내 채널의 인기 동영상 등을 파악할 수 있으며, 평균 시청 지속 시간, 조회수를 분석해 시청자들의 관심이 높은 동영상과 관심이 적은 동영상의 즉각적인 피드백을 얻을 수 있습니다.

02 도달범위와 참여도 확인하기

① [도달범위] 탭에서는 내 동영상의 노출수, 노출 클릭률, 조회수, 순 시청자 수 등을 그래프를 볼 수 있습니다.

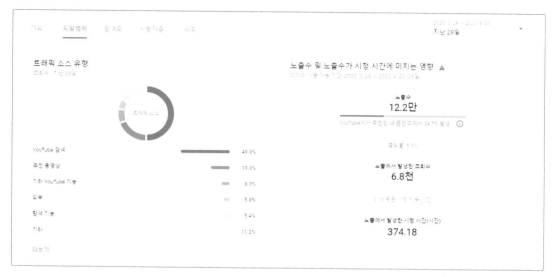

② 스크롤을 중간으로 내리면 '트래픽 소스 유형'을 원 그래프로 볼 수 있습니다. ❶유형별로 유입된 시청자의 비율입니다. 현재 'YouTube 검색' 비율이 49.9% 이며 추천 동영상 비율이 19.3%로 나타났습니다. ❷'노출 수 및 노출수가 시청 시간에 미치는 영향도'도 표시됩니다. ⓘ를 클릭하면 '클릭률 및 동영상 시청 시간을 늘리면 YouTube에서 콘텐츠가 추천될 가능성을 높일 수 있다'는 메시지를 보여줍니다. ❸선택한 기간 동안 '노출에서 발생된 조회수'입니다.

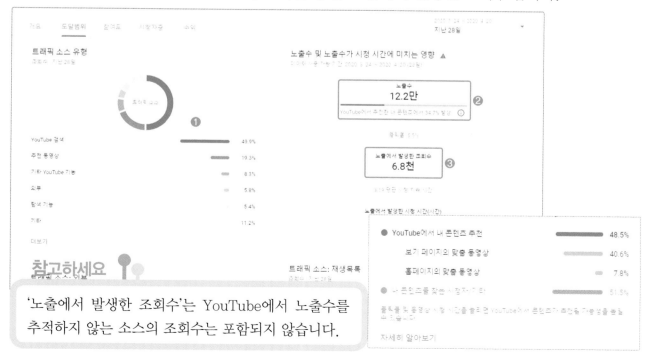

참고하세요

'노출에서 발생한 조회수'는 YouTube에서 노출수를 추적하지 않는 소스의 조회수는 포함되지 않습니다.

③ 외부, 재생목록, 추천 동영상, YouTube 검색별 트래픽 소스 그래프입니다. 이 그래프를 참고하여 내 동영상이 어떤 트래픽과 어떤 동영상이 시청자들이 많이 찾는지 파악할 수 있습니다.

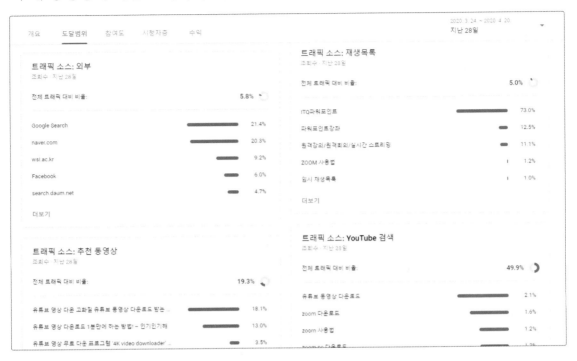

④ [참여도] 탭은 내 동영상의 '시청 시간'과 '평균 시청 지속 시간'을 전체 그래프로 표시하고 있으며, 채널에서 '인기 동영상'과 '최종 화면 기준 상위 동영상'을 그래프로 표시합니다.

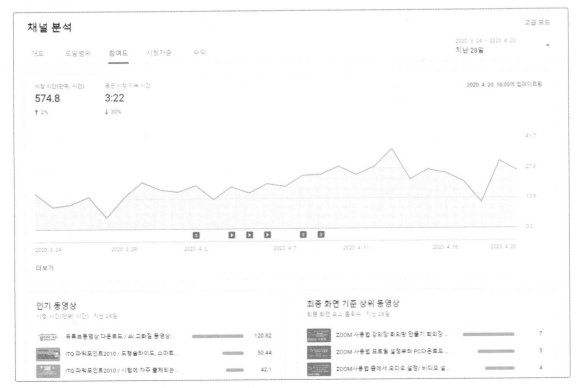

03 시청자층 확인하기

1 [시청자층] 탭에서는 순 시청자수, 시청자당 평균 조회수 ,구독자 증감률 등을 표시합니다. 구독자와 비구독자의 비율과 동영상이 소비되는 국가 비율도 표시합니다.

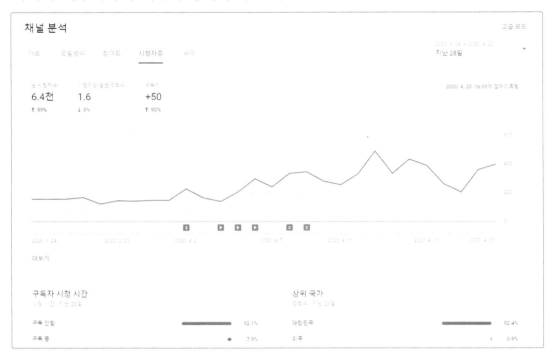

2 내 동영상을 시청하는 성별과 연령의 비율을 표시합니다. 시청자층을 파악하여 각 시청자층이 원하는 콘텐츠로 내 채널을 구성할 수 있습니다.

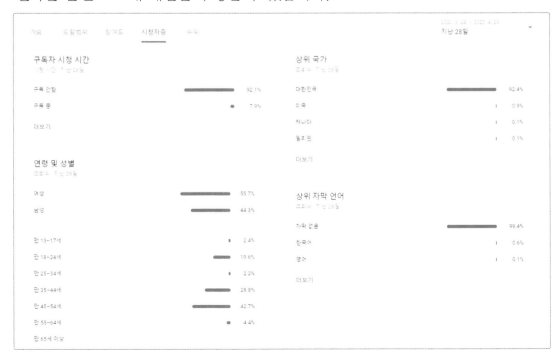

04 세부 채널 분석하기

1 채널 분석표나 그래프의 하단에 있는 ❶[더보기]를 클릭하면 세부 분석창으로 이동합니다.

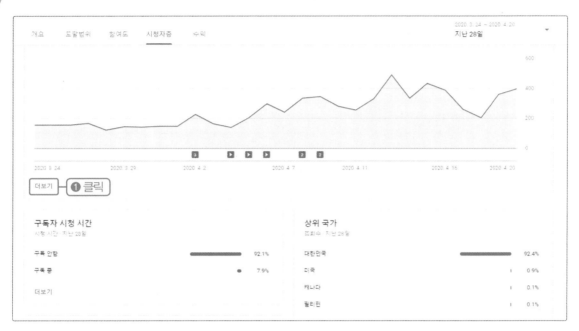

2 ❶[더보기]를 클릭하면 분석할 수 있는 목록들이 펼쳐집니다. ❷전체적인 흐름을 표시하려면 '선 차트', 항목별 비교를 표시하려면 '막대 그래프'를 선택합니다. ❸'일별', '주별', '월별', '연도 별'로 기간을 설정하여 표시할 수 있습니다.

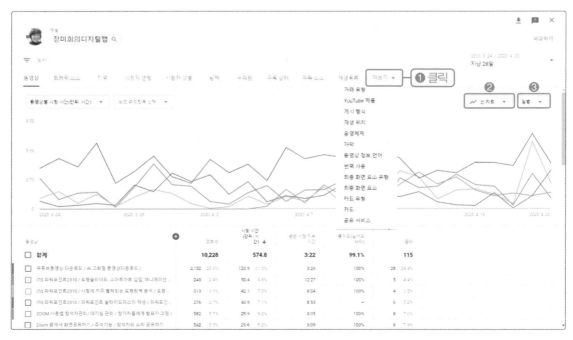

③ 전체 채널 및 동영상을 기간 대비 비교할 수 있습니다. 오른쪽 상단의 ❶[비교하기]를 클릭합니다. '전체' 또는 '동영상', '그룹'으로 비교가 가능합니다. ❷[전체]를 선택합니다. ❸[전년 대비]를 클릭합니다.

□ 참고하세요

'이전 기간 대비'는 채널의 단기적 성장을 보여주며, '전년 대비'는 시즌별 트렌드 및 단기적 변동에 대한 대조군을 만들어 채널의 장기적 성장을 보여줍니다.

④ 각 탭을 클릭하면 원하는 분석 그래프를 확인할 수 있습니다. 또한 '필터'와 '기간 설정'을 클릭하면 원하는 대로 설정할 수 있으며 ❶ 필터링 단추를 클릭하여 원하는 항목으로 표시할 수 있습니다. ❷[비교]를 끝내고 ❸'종료'를 눌러 'YouTube 스튜디오' 창으로 이동합니다.

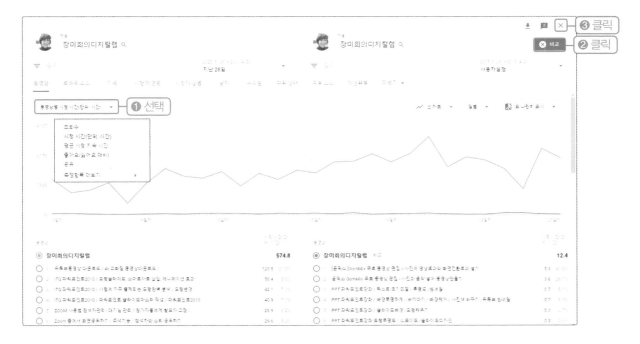

14 스마트폰으로 유튜브 활용하기

스마트폰으로 YouTube 동영상 시청 기록과 검색 기록을 저장하여 맞춤 동영상을 추천하고 시청 기록 목록에 저장하고 공유할 수 있습니다. 시청 기록과 검색 기록을 삭제하여 개인 정보를 보호할 수 있습니다.

➡➡ 기록 관리 방법에 대해 알아봅니다.

➡➡ 공유와 재생목록 설정에 대해 알아봅니다.

배울 내용 미리보기 ➕

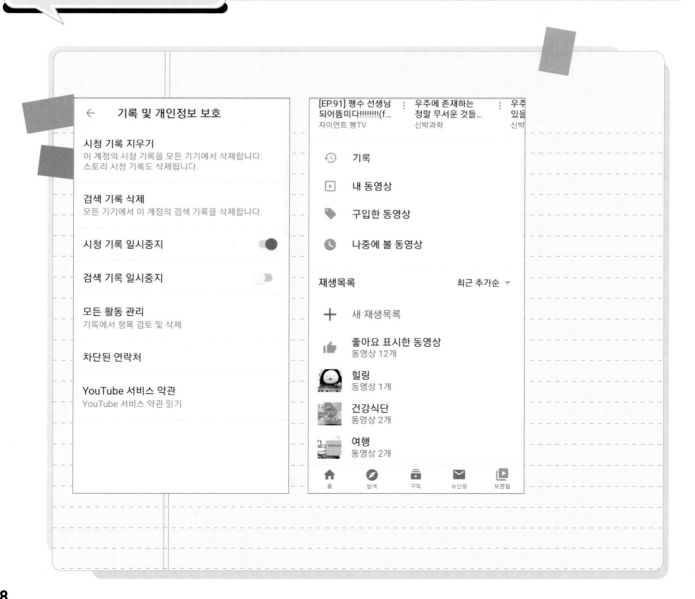

01 유튜브 기록 관리하기

1 'YouTube' 앱을 실행합니다. 화면 하단의 메뉴에서 ❶[홈]을 누르면 맞춤 동영상이 나타납니다. ❷[탐색]를 누르고 상단의 '인기', '음악', '게임', '영화', '학습'을 선택하면 카테고리별 동영상을 볼 수 있습니다. ❸[구독]을 누르면 내가 구독한 채널에서 업로드한 동영상이 표시됩니다. ❹화면 상단에 구독한 채널이 표시되어 있어 누르면 바로 해당 채널로 이동할 수 있습니다.

2 ❶[수신함]을 누르면 구독 채널의 동영상의 알림이나 내 채널의 신규 구독자, 댓글 등 알림을 받을 수 있으며 ❷[보관함]을 누르면 기록, 내 동영상, 재생목록 등을 관리할 수 있습니다.

참고하세요

아이폰인 경우 [보관함]을 터치하면 '오프라인 동영상' 메뉴가 더 표시됩니다.

③ 시청 기록을 삭제해 보겠습니다. ❶[보관함]에서 ❷[기록]을 누릅니다. ❸삭제할 동영상의 우측 메뉴에서 ❹[시청 기록에서 삭제]를 누릅니다.

참고하세요

시청한 동영상은 [기록]에서 삭제 외에 '나중에 볼 동영상에 저장', '재생목록에 저장', '공유' 등을 할 수 있습니다.

④ 시청 기록 전체를 삭제할 수 있습니다. ❶'메뉴'에서 ❷[기록 관리]를 선택합니다. ❸'기록 및 개인정보 보호' 창에서 [시청 기록 지우기]를 누릅니다. 창이 뜨면 ❹[시청 기록 지우기]를 누릅니다.

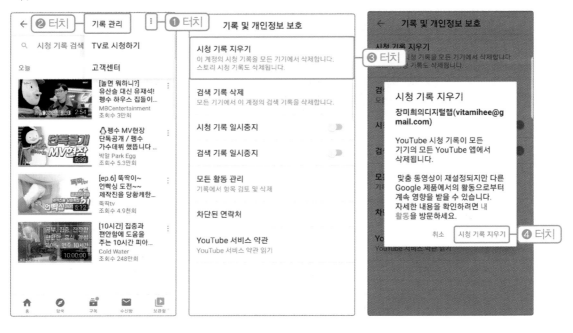

5 검색 기록도 삭제할 수 있습니다. ❶[검색 기록 삭제]를 누르고 창이 뜨면 ❷[검색 기록 삭제]를 누릅니다.

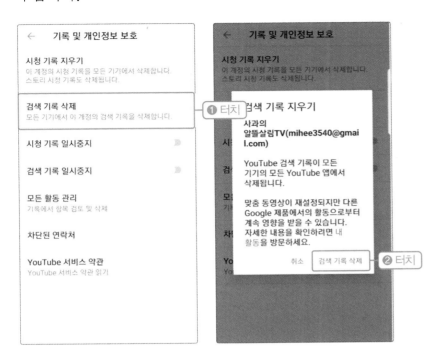

6 시청 기록을 저장하지 못하도록 일시중지할 수 있습니다. ❶[시청 기록 일시중지]를 누른 후 ❷'시청 기록 일시중지' 창에서 [일시중지]를 누릅니다.

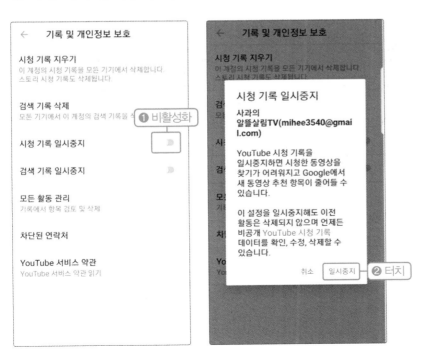

7 검색 기록도 일시 중지할 수 있습니다. ❶[검색 기록 일시중지]를 누르고 ❷'검색 기록 일시중지' 창에서 [일시중지]를 누릅니다. ❸시청 기록과 검색 기록 일시중지가 활성화되어 기록이 저장되지 않습니다.

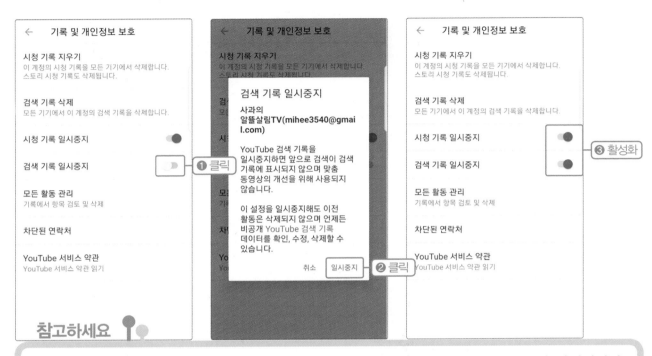

참고하세요

동영상을 실행한 후, 동영상 왼쪽이나 오른쪽 화면을 두 번 터치하면 10초씩 빠르게 진행됩니다. 또한 오른쪽 상단의 ' : '을 터치하면 자막, 재생 속도, VR로 보기 등의 메뉴가 표시됩니다. '재생 속도'를 누르면 동영상의 재생 속도를 제어할 수 있습니다.

02 재생목록 관리하기

1 자주 즐겨 보거나 저장하고 싶은 동영상은 매번 검색하지 않고 내 재생목록에 저장해 두고 시청할 수 있습니다. **①**마음에 드는 동영상 오른쪽의 메뉴 버튼을 누른 후 **②**[재생목록에 저장]을 누릅니다. 저장할 재생목록을 선택하거나 새로 만들어 저장합니다. 새로 만들기 위해선 **③**[새 재생목록]을 누릅니다. **④**'새 재생목록' 창에서 제목을 입력합니다.

2 **①**'개인정보보호'에서 공개범위를 선택하고 [만들기]를 누릅니다. **②**[보관함]을 누르면 재생목록이 표시됩니다. **③**재생목록을 누르면 저장된 동영상을 볼 수 있습니다. **④**'영상보기', '다운로드', 수정'이 가능하고 **⑤**메뉴를 누르면 재생 목록에 동영상 저장, 삭제, 오프라인 저장, 공유 등을 할 수 있습니다.

③ 동영상 재생 중 재생목록 ❶저장이 가능합니다. ❷동영상을 저장할 재생목록을 선택합니다.

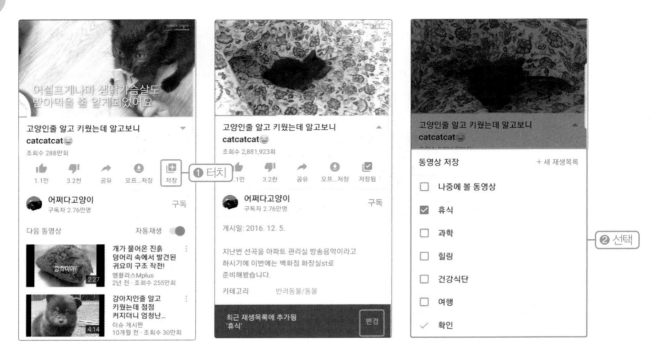

④ 타임스탬프를 이용한 댓글을 입력할 수 있습니다. ❶'댓글' 입력란으로 이동합니다. ❷'분:초'와 관련 설명을 함께 입력합니다. ❸댓글의 '분:초' 부분을 누르면 해당 재생 시간으로 이동합니다.

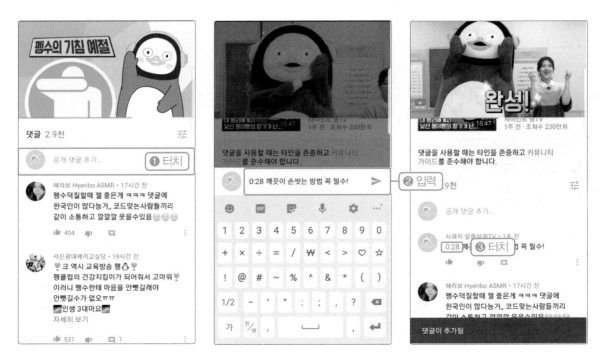

"혼자 풀어 보세요"

1 스마트폰에서 유튜브의 시청 기록과 검색 기록을 삭제해 보세요.

2 '비공개'로 '노래책' 재생목록을 만들고 내가 듣고 싶은 음악 영상을 검색하여 저장해 보세요.

15 스마트폰으로 유튜브 동영상 업로드하기

스마트폰에서 YouTube로 직접 촬영하거나 제작한 동영상을 업로드하고 관리할 수 있습니다. 업로드하면서 간단한 자르기와 필터 효과와 같은 편집 기능을 활용할 수 있습니다.

➤➤ 스마트폰으로 유튜브에 동영상 업로드 방법에 대해 알아봅니다.

➤➤ 간단한 편집하여 업로드하는 방법에 대해 알아봅니다.

배울 내용 미리보기 ✚

01 동영상 업로드하기

1 'YouTube' 앱을 실행합니다. 상단의 메뉴에서 **①**'업로드'를 누릅니다. **②**업로드할 동영상을 선택하면 업로드 준비가 됩니다.

2 화면을 아래로 스크롤하여 **①**'제목'과 **②**'설명'을 입력합니다. **③**'개인정보 보호'는 비공개로 선택합니다. **④**동영상의 위치를 태그하기 위해 누릅니다. **⑤**위치를 검색하여 추가합니다. **⑥** [업로드]를 눌러 동영상 업로드를 완료합니다.

참고하세요

개인정보 보호는 '공개'로 하면 처음에 저품질로 업로드되는 경우가 있고, '재생목록'과 '카테고리' 등을 완성한 후 공개로 전환하는 것이 좋습니다. '위치'를 태그하면 시청자의 위치를 기준으로 내 동영상을 검색할 수 있고 같은 지역의 다른 영상도 시청할 수 있습니다.

③ 동영상 업로드가 완료되었습니다. 업로드된 동영상은 수정, 삭제 등을 할 수 있습니다. ❶영상의 오른쪽 '옵션' 버튼을 누릅니다. ❷태그를 수정하기 위해 [수정]을 누릅니다. ❸'태그'를 추가하고 ❹[업로드]를 누릅니다.

④ 업로드된 동영상을 재생목록에 저장하기 위해 ❶'옵션 버튼'을 누르고 [재생목록에 저장]을 누릅니다. ❷저장할 재생목록을 선택한 후 ❸[확인]을 누릅니다. ❹유튜브 앱 하단의 [보관함]으로 이동하여 ❺재생목록에서 저장이 되었는지 확인합니다.

참고하세요

저장할 재생목록이 없다면 '새 재생목록'을 추가하여 저장할 수 있습니다.

유튜브에 동영상을 업로드할 때 편집하여 원하는 구간만 올릴 수 있습니다. ①'업로드' 버튼을 누르고 ②업로드할 동영상을 선택합니다. ③타임라인에서 왼쪽 조절바를 드래그하여 시작 지점을 맞춥니다. 오른쪽 조절바를 이용해 끝 지점을 조절합니다.

동영상에 필터를 적용할 수 있습니다. ①'필터' 버튼을 누릅니다. ②필터 목록에서 적용할 필터를 선택합니다. ③'제목', '설명', '태그' 등을 입력하고 ④[업로드]를 누릅니다.

③ ①[보관함]으로 이동하여 ②[내 동영상]에서 ③업로드된 동영상을 모두 볼 수 있습니다. '옵션' 버튼을 누르면 ④삭제, 수정, 공유, 재생목록에 저장 등을 할 수 있습니다.

참고하세요

녹화하고 바로 업로드하기

①[녹화]를 누릅니다. '촬영 시작' 버튼을 누르고 촬영합니다. '촬영 중지' 버튼을 누르면 편집창으로 이동합니다. ②'제목', '설명', '태그' 등을 입력하고 업로드합니다.

"혼자 풀어 보세요"

1 'YouTube' 앱을 이용하여 스마트폰에 있는 동영상을 업로드하세요. 업로드할 때 제목, 설명 등을 입력하고 '비공개'로 업로드하세요.

2 'YouTube' 앱에서 '녹화' 기능을 이용하여 우리 동네를 촬영해 보세요. 재생 시간을 조절하고 필터를 적용하여 업로드하세요.

16 앱으로 제작하는 썸네일

유튜브에 동영상을 업로드할 때, 동영상의 표지와 같은 맞춤 미리보기 이미지를 삽입하면 동영상 시청을 유도하는데 큰 역할을 합니다. 시청자들은 썸네일을 통해 동영상을 시청할 것인지를 판단할 수 있습니다.

➤➤ 스마트폰에 앱을 설치하는 방법에 대해 알아봅니다.

➤➤ 앱으로 썸네일을 제작하는 방법에 대해 알아봅니다.

배울 내용 미리보기 ✚

01 썸네일 제작하기 1

1 Play 스토어에서 ❶'멸치'를 검색하여 설치하고 앱을 실행합니다. ❷사진 촬영과 동영상 녹화 [허용]을 누릅니다. ❸사진, 미디어, 파일 액세스하도록 [허용]을 누릅니다.

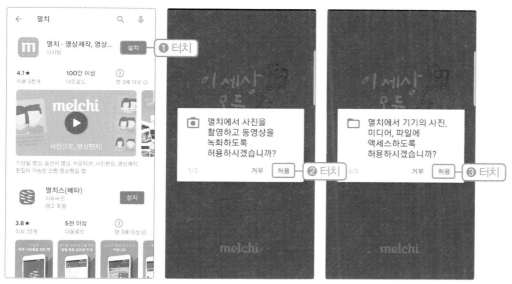

2 '멸치' 앱의 홈에서 ❶[SNS]를 선택합니다. ❷'SNS' 목록 중에서 [유튜브]를 선택하고 ❸[썸네일]을 누릅니다.

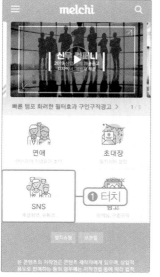

③ ❶썸네일 목록 중에서 하나를 선택합니다. 스틸컷의 미리보기를 확인하고 ❷[이미지 만들기]를 누릅니다. ❸번호에 맞게 이미지나 텍스트를 수정합니다. 이미지를 클릭합니다.

④ 내 갤러리에 있는 이미지를 삽입하고 ❶사각형에 맞게 영역을 수정한 후 ❷[적용]을 누릅니다. ❸Section 2와 Section 3 영역에 들어갈 텍스트를 입력한 후 ❹[완료]를 누릅니다. ❺ 최종적으로 [확인]을 누릅니다.

5 ❶'곧 이미지가 제작됩니다.' 메시지에서 [확인]을 누릅니다. ❷제작이 완료된 썸네일을 누르면 ❸삭제 및 수정할 수 있습니다. ❹수정이 완료된 썸네일을 다운로드받기 위해 [이미지 다운로드]를 누릅니다.

6 ❶'다운로드' 메시지에서 [확인]을 누릅니다. ❷'멸치' 홈의 왼쪽 상단의 메뉴 목록을 누르면 ❸'제작완료'된 콘텐츠를 확인하고 수정 또는 삭제할 수 있습니다.

참고하세요 📍

'멸치' 앱에서 제작하여 다운로드한 썸네일은 스마트폰의 '갤러리'의 '다운로드' 폴더에 저장됩니다. 사용하는 앱에 따라 저장되는 폴더는 다를 수 있습니다.

02 썸네일 제작하기 2

1 Play 스토어에서 ❶'Canva'를 검색하여 설치하고 앱을 실행합니다. 이 앱은 가입하고 로그인을 해야 사용할 수 있습니다. ❷Google 계정이나 SNS 계정 등으로 로그인이 가능하며, 원하는 이메일로 가입할 수 있습니다. 가입 후, 로그인을 완료하면 Canva 홈 화면으로 이동합니다.

참고하세요

'Canva'는 웹과 앱으로 모두 제공됩니다. PC에서 사용할 때는 'https://www.canva.com' 접속하여 원하는 작업을 할 수 있습니다.

2 화면을 아래로 스크롤한 후 ❶'YouTube 썸네일'의 [모두 보기]를 누릅니다. 또는 검색란에 'YouTube 썸네일'을 검색합니다. ❷제작하고자 하는 썸네일을 선택하면 편집 화면으로 이동합니다. ❸[편집]을 터치합니다.

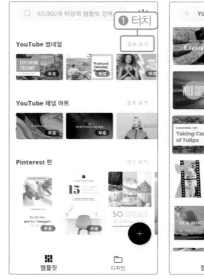

③ 배경 이미지를 변경하기 위해 배경을 터치하고 ❶[갤러리]에서 내 스마트폰에 있는 사진 중 하나를 선택합니다. ❷텍스트 상자의 색상을 변경하기 위해 텍스트 상자를 선택한 후 ❸[색상]에서 색을 변경합니다. ❹텍스트 상자를 선택한 후 원하는 텍스트로 입력합니다.

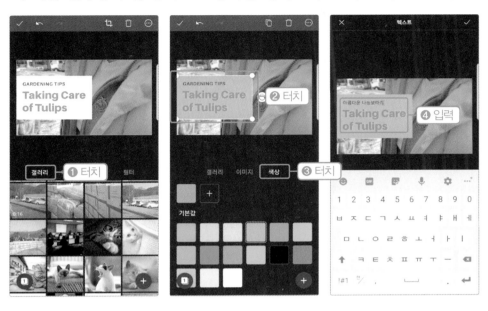

④ 텍스트를 수정하고 ❶글꼴이나 글자 크기, 글자 색 등을 수정할 수 있습니다. 간격을 조절하기 위해 ❷[간격]을 누릅니다. ❸'자간 조정'과 '선 높이'를 조절한 후 ❹'완료'를 누릅니다. ❺빈 곳을 눌러 편집 첫 화면으로 복귀합니다.

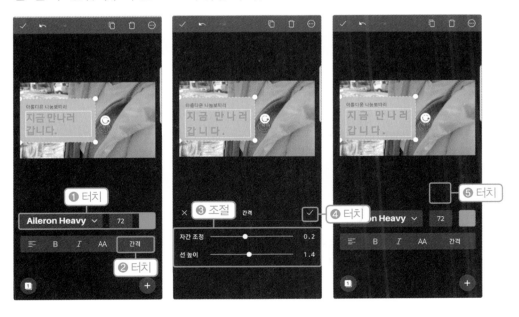

5 ❶'다운로드'를 눌러 썸네일을 저장합니다. 저장된 이미지는 '갤러리'의 'Canva' 앨범에 저장됩니다. ❷썸네일을 수정하려면 'Canva' 앱 홈에서 '내 디자인'에서 썸네일을 선택하면 수정할 수 있습니다. 또는 옵션을 이용해 다양한 기능을 사용할 수 있습니다.

참고하세요

빈 화면으로 제작할 수 있습니다. 오른쪽 하단의 '+'를 누르면 텍스트, 이미지, 동영상, 스티커, 일러스트레이션, 템플릿, 로고, 페이지 등을 활용해 자유롭게 편집할 수 있습니다.

"혼자 풀어 보세요"

1 '멸치' 앱을 활용해 썸네일을 제작하고 다운로드하세요.

2 'Canva' 앱을 활용해 썸네일을 제작하고 다운로드하세요.

힌트
YouTube 썸네일 – 빈칸 – 이미지 삽입 – 텍스트 삽입

YouTube 스튜디오 살펴보기

PC와 마찬가지로 스마트폰에서도 YouTube에 동영상을 업로드하면 기본 정보 및 맞춤 미리보기 화면, 고급 설정, 댓글, 분석 등의 기능을 'YouTube 스튜디오' 앱을 통해 사용할 수 있습니다.

➤➤ YouTube 스튜디오 앱 설치 방법에 대해 알아봅니다.

➤➤ 기본 메뉴의 활용 방법에 대해 알아봅니다.

배울 내용 미리보기 ➕

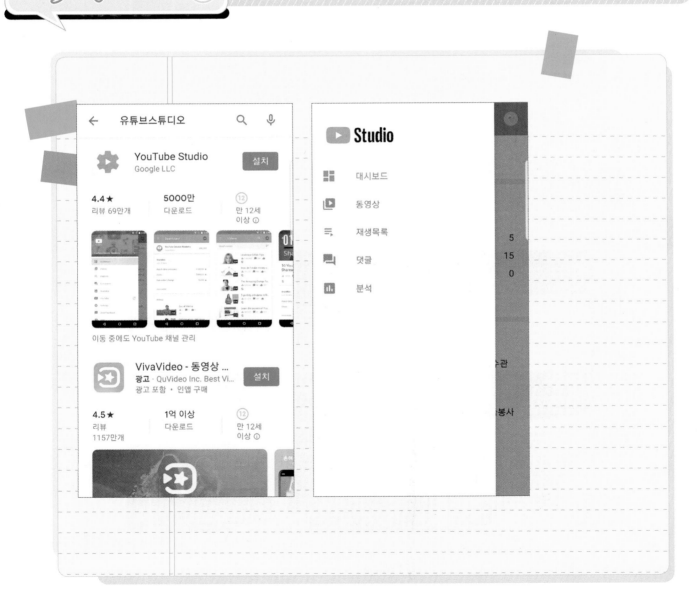

01 YouTube 스튜디오 앱 설치하기

① Play스토어에서 '유튜브스튜디오'를 검색하여 ❶'YouTube Studio' 앱을 설치합니다. 계정은 Play스토어의 계정으로 자동 로그인됩니다. 유튜브의 계정을 따로 사용하는 경우 또는 브랜드 계정으로 전환하려면 ❷'계정'을 누르고 ❸목록 버튼를 누른 후, ❹[계정 추가]를 누릅니다. 브랜드 계정은 표시된 계정을 누릅니다.

② ❶'아이디'와 ❷'비밀번호'를 입력한 후 'Google 서비스 약관'에 '동의'를 누릅니다. 계정을 누르고 사용하고자 하는 ❸'계정' 또는 '브랜드 계정'을 누릅니다.

YouTube 스튜디오 앱 살펴보기

1 'YouTube 스튜디오'는 채널명, 구독자 수, 분석, 동영상 목록, 댓글 분석을 표시합니다. 첫 대시보드로 '분석'을 보여주며 아래로 스와이프하면 최신 동영상 실적과 동영상, 댓글을 표시합니다. **1**'YouTube 스튜디오' 앱의 왼쪽 상단의 메뉴를 누릅니다. **2**'대시보드', '동영상', '재생목록', '댓글', '분석' 등을 볼 수 있는 메뉴들이 표시됩니다. 오른쪽 상단의 새로운 댓글과 계정이 있습니다. **3**'계정'을 누릅니다.

2 **1**'계정'의 드롭다운 버튼을 누르면 **2**계정을 추가하거나 다른 계정 또는 브랜드 계정으로 전환할 수 있습니다. 빈 곳을 눌러 계정을 닫습니다. 그 다음, **3**[설정]을 누릅니다.

③ 설정에서 댓글 알림과 수신 방법을 설정할 수 있습니다. ❶댓글 수신 방법을 변경하기 위해 알림의 '댓글'을 누릅니다. ❷원하는 수신 방법을 선택한 후 ❸'뒤로' 버튼을 누릅니다. ❹'계정'에서 유튜브를 바로 열 수 있습니다.

유튜브에 업로드한 내 동영상 다운로드하기

유튜브에 업로드한 내 동영상을 다운로드하여 다른 채널에 업로드하거나 오프라인에서 사용할 수도 있습니다.

크롬 브라우저에서 유튜브를 접속한 후, 로그인합니다. '계정'에서 'YouTube Studio'로 이동합니다. ❶[동영상] 탭을 클릭한 후 ❷다운로드할 동영상을 선택합니다. 동영상 위에 마우스 커서를 올려놓은 후, ❸'옵션' 버튼을 클릭합니다. ❹[다운로드]를 클릭하면 다운로드가 진행됩니다.

기본 정보 수정과 썸네일 업로드하기

'YouTube 스튜디오' 앱으로 썸네일을 등록하고 내 채널을 수정할 수 있습니다. 또한 분석을 통해 내 채널을 관리할 수 있습니다. .

➡➡ 썸네일을 등록하는 방법에 대해 알아봅니다.

➡➡ 내 동영상을 수정하는 방법에 대해 알아봅니다.

➡➡ 유튜브 스튜디오 앱으로 관리하는 방법에 대해 알아봅니다.

배울 내용 미리보기 ✚

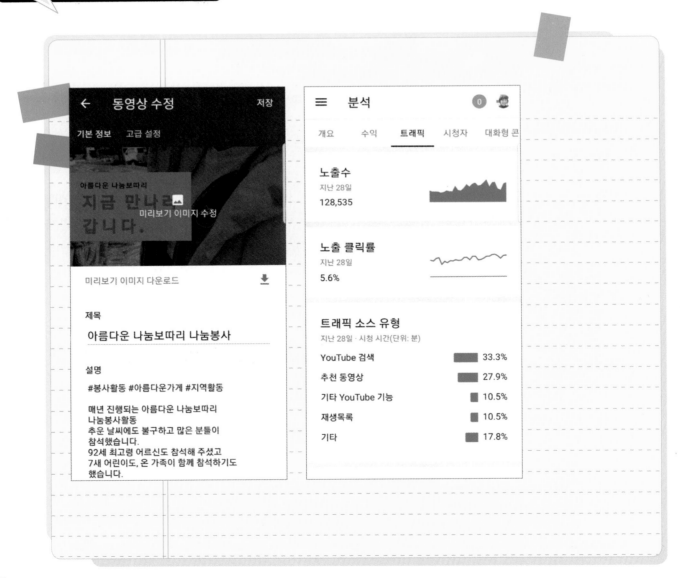

기본 수정과 맞춤 미리보기 업로드하기

1 'YouTube 스튜디오' 앱이 실행합니다. ❶'대시보드' 창 왼쪽 상단의 메뉴를 누르고 ❷[동영상]을 선택합니다. ❸동영상 목록에서 수정할 동영상을 선택합니다.

참고하세요 🌳

[동영상]에는 내가 업로드한 전체 동영상이 나열됩니다. 재생목록에 저장된 경우 '재생목록'에서 동영상을 선택할 수도 있습니다.

2 ❶오른쪽 상단의 '수정(연필 모양 버튼)'을 누르고 [기본 정보] 탭에서 ❷제목, 설명, 태그 등을 수정할 수 있습니다. '공개 설정'은 ❸'비공개'에서 '공개'로 변경합니다.

③ 제목, 설명, 공개 설정을 변경합니다. ❶재생목록과 태그도 변경할 수 있습니다. 동영상의 표지인 썸네일을 수정하기 위해 ❷[기본 정보] 탭의 연필 모양 버튼을 누릅니다 ❸ [맞춤 미리보기 이미지]를 누릅니다.

④ 스마트폰의 'Canva' 폴더가 열립니다. ❶썸네일을 선택합니다. ❷오른쪽 상단의 [선택]을 터치한 후 ❸[저장]을 누릅니다.

 참고하세요

'멸치' 앱에서 제작한 썸네일은 '다운로드' 폴더에 저장됩니다.

5 썸네일을 확인한 후, ❶왼쪽 상단의 '←'를 눌러 전체 동영상 목록으로 이동합니다.

참고하세요

맞춤 미리보기 변경이 되는 않는 경우 '인증'을 먼저 받아야 합니다. PC에서만 가능합니다.
유튜브 오른쪽 메뉴에서 [설정] – [계정] – [채널 상태 및 기능] – [확인]을 클릭하면 됩니다.

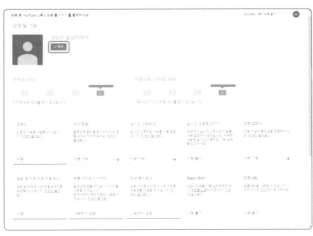

1 카테고리 설정, 시청자층 선택 또는 연령 제한 등의 고급 설정을 할 수 있습니다. ❶오른쪽 상단의 '수정'을 누릅니다. ❷[고급 설정]탭에서 ❸'카테고리'의 목록 버튼을 누르고 ❹동영상과 어울리는 카테고리를 선택합니다.

2 아동용인지 아닌지를 설정해야 합니다. ❶'시청자층'에서 아동용인지, 아동용이 아닌지를 선택합니다. 이어 ❷'연령제한'을 선택합니다. ❸'댓글 허용', '퍼가기 허용' 등을 활성화한 후 ❹오른쪽 상단의 [저장]을 누릅니다.

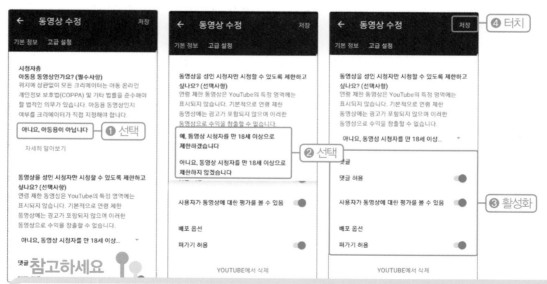

참고하세요

> 아동용 동영상에는 개인 맞춤 광고 및 알림 등의 기능 사용을 할 수 없으며 아동용으로 설정된 동영상은 다른 아동용 동영상과 함께 추천될 가능성이 높습니다.

03 댓글과 분석 관리

1 'YouTube 스튜디오' 앱에서 ❶댓글이 달리면 오른쪽 상단에 댓글 수가 표시됩니다. 댓글 수를 누르면 댓글 목록이 표시됩니다. ❷'답글'을 입력할 댓글을 누르고 ❸말풍선 모양 버튼을 눌러 ❹답글을 입력하고 '완료'를 누릅니다.

2 ❶'좋아요', '하트'를 눌러 댓글을 읽었다는 표시를 할 수 있으며 ❷댓글의 '옵션' 버튼을 눌러 '고정', '삭제', '스팸 신고', '채널에서 사용자 숨기기'를 할 수 있습니다. ❸답글의 '옵션' 버튼을 눌러 답글을 수정 또는 삭제할 수 있습니다.

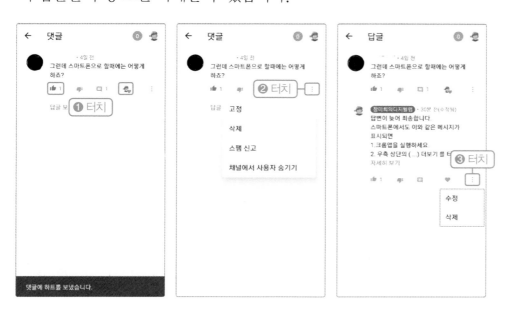

③ 댓글 메뉴에서도 관리할 수 있습니다. 왼쪽 상단의 메뉴에서 ❶[댓글]을 누르면 전체 댓글이 표시되고 ❷'좋아요', '답글 달기' 뿐만 아니라 댓글 또는 답글의 수정, 삭제 등이 가능합니다.

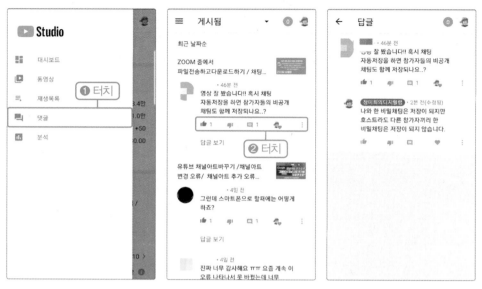

④ 왼쪽 상단의 메뉴 목록에서 ❶[분석]을 누르면 개요 또는 수익, 트래픽, 시청자, 대화형 콘텐츠, 재생목록별 분석 내용을 확인할 수 있습니다. [개요] 탭에서는 실시간 조회수, 최근 동영상, 구독자 증감, 인기 동영상 목록 등을 볼 수 있으며, 각 항목을 누르면 더 자세한 내용을 볼 수 있습니다.

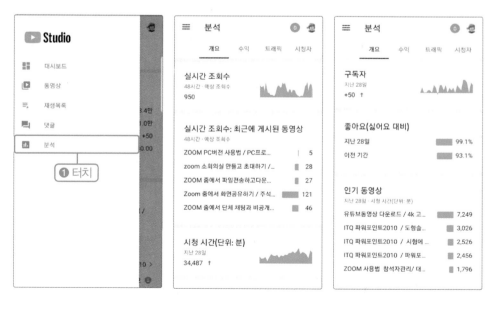

5 ❶[트래픽] 탭에서는 내 채널의 노출수, 노출 클릭률, 트래픽 소스 유형 등을 확인할 수 있습니다. 아래로 스크롤하면 상위 외부 소스, 상위 YouTube 검색어 등과 내 콘텐츠를 추천하는 동영상과 재생목록을 확인할 수 있습니다. 목록을 누르면 자세한 내용을 볼 수 있습니다. ❷'내 콘텐츠를 추천하는 상위 동영상'을 누르면 어느 동영상에서 내 동영상을 추천하는지 볼 수 있습니다. ▶은 다른 사람의 채널에서 추천하는 영상이며, ❶은 내 동영상의 '추천'에서 재생된 영상입니다.

6 ❶[시청자] 탭에서는 성별과 연령, 국가별 조회수를 확인할 수 있습니다. ❷[대화형 콘텐츠] 탭은 내 동영상의 카드로 유입된 클릭수를 그래프로 볼 수 있습니다. ❸[재생목록] 탭은 재생목록 시청 횟수, 재생목록에 포함된 동영상의 조회수, 상위 재생목록 등을 확인할 수 있습니다.

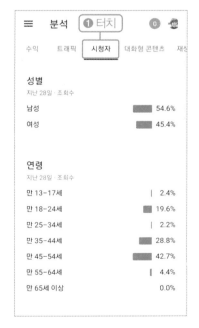

19 유튜브 크리에이터로 실시간 방송하기

유튜브에서 실시간 라이브 방송을 할 수 있습니다. 크리에이터 스튜디오로 실시간 방송을 하여 시청자와 소통을 할 수 있으며, 실시간 방송 화면에 이미지나 텍스트를 추가하거나 게임 화면 등을 방송할 수 있습니다.

➡➡ PC로 실시간 방송하는 방법에 대해 알아봅니다.

배울 내용 미리보기 ➕

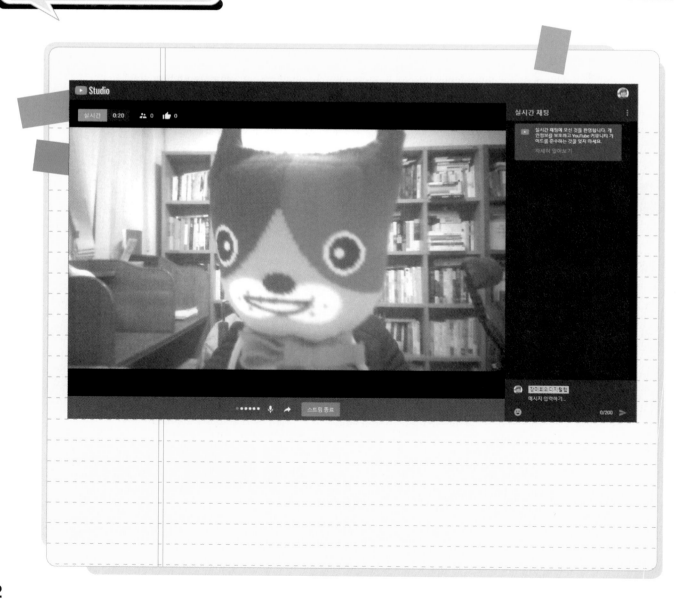

01 크리에이터 스튜디오로 생방송하기

1 크롬 브라우저를 열어 유튜브에 로그인합니다. 실시간 방송을 하기 위해 ❶'동영상 또는 게시물 만들기'를 클릭한 후 ❷[실시간 스트리밍 시작]을 클릭합니다. ❸마이크와 카메라 사용 권한 요청이 표시되면 [허용]을 클릭합니다.

2 ❶[웹캠] 탭에서 ❷제목, 공개범위, 시청자층, 연령 제한(고급), 카테고리, 마이크 등을 설정합니다. ❸[고급 설정]에서 ❹'채팅 허용' 여부를 정한 후 ❺[다음]을 클릭합니다.

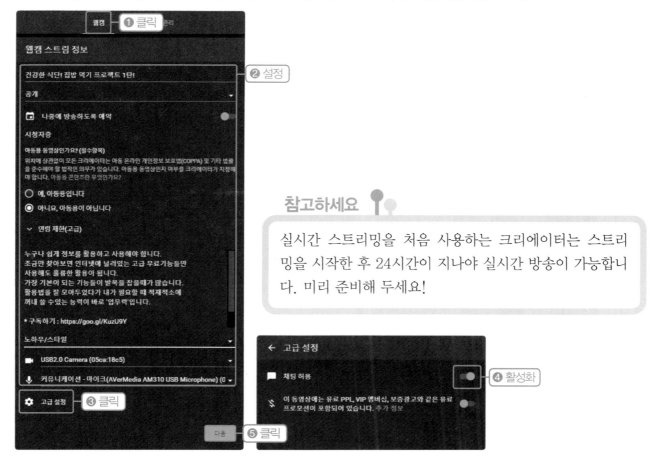

참고하세요

실시간 스트리밍을 처음 사용하는 크리에이터는 스트리밍을 시작한 후 24시간이 지나야 실시간 방송이 가능합니다. 미리 준비해 두세요!

③ '스트림 미리보기' 창에서 ❶[맞춤 미리보기 이미지 업로드]를 클릭하여 썸네일을 추가합니다. ❷연필 모양 버튼을 클릭하면 제목, 설명, 카테고리 등을 수정할 수 있습니다.

참고하세요

'미리보기 이미지 다시 찍기'를 클릭하면 사진을 찍어 업로드할 수 있으며 '맞춤 미리보기 이미지'
는 'YouTube 스튜디오'에서 추가할 수 있습니다.

④ ❶[실시간 스트리밍 시작하기]를 클릭합니다.

참고하세요

[공유]를 누르고 URL
을 복사하여 나의 SNS
에 홍보할 수 있습니다.

방송이 시작되었습니다. ❶방송 진행 시간, 시청자 수, 좋아요 수 등을 확인할 수 있습니다. 화면 하단 중앙에는 ❷'인터넷 연결 상태(초록색이 보이면 정상)', '마이크(음소거)', '공유', '스트림 종료' 버튼이 표시됩니다. ❸실시간 채팅 상황을 보여줍니다.

실시간 채팅창의 옵션을 누르면 '참가자', '새 창에서 채팅', '타임스탬프 전환' 기능을 사용할 수 있습니다.

7 방송이 끝나면 ❶[스트림 종료]를 클릭한 후 ❷[종료]를 클릭합니다.

8 '스트림 완료' 창에서 수정을 하려면 ❶[스튜디오에서 수정]을 클릭합니다.

참고하세요

[닫기]를 클릭하여 종료한 경우 다시 수정하려면 'YouTube 스튜디오'에서 수정할 수 있습니다.

9 'YouTube 스튜디오' 창으로 이동됩니다. 수정할 부분이 있다면 수정합니다.

10 수정이 완료되면 '내 채널'로 이동합니다. '업로드한 동영상' 목록에 업로드된 것을 확인합니다.

11 실시간 동영상을 삭제하려면 'YouTube 스튜디오'에서 ❶[동영상]의 ❷[실시간 스트리밍] 탭에서 ❸동영상을 삭제할 수 있습니다.